大家小书

儒学十讲

汤一介 著

北京出版集团公司
北京出版社

图书在版编目（CIP）数据

儒学十讲 / 汤一介著．— 北京 ： 北京出版社，2019.5（2024.8重印）

（大家小书）

ISBN 978-7-200-14741-4

Ⅰ．①儒… Ⅱ．①汤… Ⅲ．①儒学—文集 Ⅳ．①B222.05-53

中国版本图书馆CIP数据核字（2019）第037676号

·大家小书·

儒学十讲

RUXUE SHI JIANG

汤一介 著

出　　版　北京出版集团公司
　　　　　北京出版社

地　　址　北京北三环中路6号

邮　　编　100120

网　　址　www.bph.com.cn

总 发 行　北京出版集团公司

印　　刷　北京华联印刷有限公司

经　　销　新华书店

开　　本　880毫米×1230毫米　1/32

印　　张　6.25

字　　数　95千字

版　　次　2019年5月第1版

印　　次　2024年8月第4次印刷

书　　号　ISBN 978-7-200-14741-4

定　　价　49.00元

总　　序

袁行霈

“大家小书”，是一个很俏皮的名称。此所谓“大家”，包括两方面的含义：一、书的作者是大家；二、书是写给大家看的，是大家的读物。所谓“小书”者，只是就其篇幅而言，篇幅显得小一些罢了。若论学术性则不但不轻，有些倒是相当重。其实，篇幅大小也是相对的，一部书十万字，在今天的印刷条件下，似乎算小书，若在老子、孔子的时代，又何尝就小呢？

编辑这套丛书，有一个用意就是节省读者的时间，让读者在较短的时间内获得较多的知识。在信息爆炸的时代，人们要学的东西太多了。补习，遂成为经常的需要。如果不善于补习，东抓一把，西抓一把，今天补这，明天补那，效果未必很好。如果把读书当成吃补药，还会失去读书时应有的那份从容和快乐。这套丛书每本的篇幅都小，读者即使细细地阅读慢慢地体味，也花不了多少时间，可以充分享受读书的乐趣。如果把它们当成补药来吃也行，剂量小，吃起来方便，消化起来也容易。

我们还有一个用意，就是想做一点文化积累的工作。把那些经过时间考验的、读者认同的著作，搜集到一起印刷出版，使之不至于泯没。有些书曾经畅销一时，但现在已经不容易得到；有些书当时或许没有引起很多人注意，但时间证明它们价值不菲。这两类书都需要挖掘出来，让它们重现光芒。科技类的图书偏重实用，一过时就不会有太多读者了，除了研究科技史的人还要用到之外。人文科学则不然，有许多书是常读常新的。然而，这套丛书也不都是旧书的重版，我们也想请一些著名的学者新写一些学术性和普及性兼备的小书，以满足读者日益增长的需求。

“大家小书”的开本不大，读者可以揣进衣兜里，随时随地掏出来读上几页。在路边等人的时候，在排队买戏票的时候，在车上、在公园里，都可以读。这样的读者多了，会为社会增添一些文化的色彩和学习的气氛，岂不是一件好事吗？

“大家小书”出版在即，出版社同志命我撰序说明原委。既然这套丛书标示书之小，序言当然也应以短小为宜。该说的都说了，就此搁笔吧。

《儒学十讲》序

李中华

汤一介先生（1927—2014）是当代中国学术史上一位具有广泛影响力的学问大家。他的学术研究领域和学术视野宽广深厚，其学问所及不仅广涉中西古今、儒道玄佛，且对中国哲学和中国文化均有深入研究和独到见解。在其十卷本的文集中，最具代表性的著作有四种：《郭象与魏晋玄学》《早期道教史》《佛教和中国文化》《在儒学中寻找智慧》。这四种著作不仅可以反映汤一介先生学术体系的构成，也可反映其由玄入道，由道入佛，由佛返儒的学术根脉和学术历程，其学术体系和学术思想的特点，可谓“三教递进，尤精儒学”。

汤一介先生之精于儒学，其表现主要体现在《儒学十讲》中。关于此书的来龙去脉，有许多故事和背景。今天出版的《儒学十讲》，是在中国人民大学出版社2014年出版的《汤一介集》第五卷《在儒学中寻找智慧》中精选出来而结集成书。而《在儒学中寻找智慧》一书，又是在北京大学出版社2009年出版的《儒学十论及外五篇》一书基础上增补而成。而《儒学十论及外五篇》，原本是汤先生为主编并亲自撰写多卷本《中国儒学史》中的一卷而准备的材料。据我的记忆，《中国儒学史》当初只设计为九卷：分别为“先秦卷”“两汉卷”“魏晋南北朝卷”“隋唐卷”“宋元卷”“明代卷”“清代卷”“近代卷”“现代卷”。之后，分别聘请九位对各卷有专门研究的学者各担纲一卷分别撰写。在撰写过程中，我曾向汤先生建议，是否可再增加一“儒学总论”卷，作为《中国儒学史》的第一卷或最后一卷。我同时又建议“儒学总论卷”可由汤先生亲自撰写。汤先生当时表示同意，但可能感到他总揽《儒藏》编纂的任务太重，很难抽出更多时间专门撰写这一卷，只是同意考虑一下。后来，汤先生确实感到时间不足，再加之精力有限（此时汤先生已年过七十），“总论卷”的撰写便延宕下来。此后我又提议，能否由我写出“总论”提纲，大家讨论确定后，再请九位作者各自承担一章，共同完成“总论”的撰写。汤先生同意我的意见，并让我先写出一章或一节看看，同时他也表示先收集一下他已有的儒学研究材料和已有的儒学研究的文章，还是准备“总论卷”的撰写。又隔了很长一段时间，汤先生告诉我，他实在没有精力独自完成一卷，但他答应会为九卷本的《中国儒学史》写一长序，以补没有“总论卷”的不足。由此，“总论卷”的计划基本放弃了。

据我推断，《儒学十论及外五篇》及《在儒学中寻找智慧》这两部论文集应该是或可能是“儒学总论”的准备材料或未成稿。汤先生之所以放弃把它作为“儒学总论”一卷，可能觉得还不够充分和逻辑化，这充分反映了汤先生做学问的严谨和认真。现在看来，汤先生的《儒学十论及外五篇》或《在儒学中寻找智慧》两书，如再稍整理、补充并使之逻辑化，完全可以成为多卷本《中国儒学史》的“总论卷”。我至今感到遗憾和后悔的是，没有坚持和帮助汤先生做好“总论卷”的撰写工作；至今也还觉得九卷本《中国儒学史》似乎缺点什么。

在汤先生《儒学十讲》再结集出版之际，勾起很多对汤先生的回忆。汤先生的“儒学十讲”，可以说是汤先生儒学研究的精华。当初，汤先生让我先写出《儒学总论卷》的一章或一节，我遵命很快写出，却没有拿给汤先生看。但后来，《儒学总论卷》从延宕到放弃，我写出的这一节也置之高阁。现在我把它抄录在这里，也算对汤先生的一种纪念和对“儒学十讲”的一些学术铺垫。

儒学自孔子创立至今，已逾两千五百多年。在中华民族漫长的历史发展和文化记忆中，作为中国文化主干和主流的儒家思想，可以说一直没有中断过。它像滔滔不断的长江、黄河，既有其源，又有其流。尽管有时因高山阻隔或水旱影响，使其流向、流速和流量因时因地而异，但既然能最终流入大海，说明其流未断。我们今天谈国学或传统文化，首先必涉及儒学，在一定意义上说，国学或传统文化的核心在儒学。因此，要了解国学或传统文化，就一定要了解儒学；要了解儒学，就该了解儒学的根脉源流及其称谓和内涵。

"儒学"一词，一般是对儒家思想和学说的概称，最早出现于汉代。《史记·五宗世家》有"河间献王德，从孝景帝前二年用皇子为河间王。好儒学，被服造次必于儒者"；《后汉书·伏湛传》亦有"累世儒学，素持名信，经明行修，通达国政"等提法。这可能是"儒学"一词的最早出处。因儒家学派为孔子所创，故在孔子前，似无"儒学"的提法。古代"儒"字所代表的意义，最初盖指巫、史、祝、卜等早期宗教的教职中分化出来的一批知识分子。后世学者如俞樾、章太炎、钱穆等遂把原始儒者称为方士或术士。《说文》："儒，柔也，术士之称。从人，需声。"钱穆据《说文》称："柔乃儒之通训，术士乃儒之别称。"章太炎称："儒之名盖出于‘需’，需者，云上于天，而儒亦知天文，识旱涝。”因此，原始意义上的儒，应该是一种宗教性、政治性和教化性的职业。

随着中国古代理性的发展和三代文明的转型，从事原始巫术礼仪活动的儒，逐渐从宗教与巫术中分化出来，开始向两个路向发展：其中一部分利用他们所掌握的原始礼仪知识，成为国君或诸侯的助手，致仕后又多为政府进行贵族子弟的培养和教育；一部分则散于民间，利用他们所具有的礼的知识和经验，成为专门为贵族相礼的实践家。

在孔子以前的古代文献中，儒学比较晚出。《诗》《书》《易》三部文献中都没有儒字。《论语》中只两见，《孟子》中亦两见，《庄子》内七篇中仅一见，并且都未做具体说明。在先秦的著作中，从孔子开始，方见儒字。其后，《墨子》《庄子》《孟子》《荀子》等著作中又有儒者、儒术、大儒、小儒、雅儒、俗儒等称谓，其中一部分是对孔子以前儒义的追述，如《周礼·大宰》说：

以九两系邦国之民：一曰牧，以地得民；二曰长，以贵得民；三曰师，以贤得民；四曰儒，以道得民；五曰宗，以族得民；六曰主，以利得民；七曰吏，以治得民；八曰友，以任得民；九曰薮，以富得民。

这里所列举的协调和维系邦国之民的九条官制，与儒有关的是三、四两条。这两条内容，不仅与孔子以后的儒家均有关系，而且也透露出孔子以前儒的意义。“师，以贤得民”，郑玄注说：“师，诸侯师氏，有德行以教民者。”贾公彦疏云：“‘三曰师，以贤得民者’，谓诸侯以下，立教学之官为师氏，以有三德、三行，使学子归之，故云‘以贤得民’，民则学子是也。”这里所谓三德三行，按《周礼·师氏》：“师氏以三德教国子，一曰至德，以为道本；二曰敏德，以为行本；三曰孝德，以知逆恶。教三行：一曰孝行，以亲父母；二曰友行，以尊贤良；三曰顺行，以事师长。”以上是师氏之所掌教。“四曰儒，以道得民者”，郑玄注：“儒，诸侯保氏，有六艺以教民者。”贾公彦疏：“诸侯师氏之下，又置一保氏之官，不与天子保氏同名，故号曰‘儒’。掌养国子以道德，故云‘以道得民’，民亦谓学子也。”按《周礼·保氏》：“保氏掌谏王恶，而养国子以道，乃教之六艺。”

上述材料说明，虽然在官职上，师氏与保氏有高低之别，但其所掌工作之内容却极为相似，都是以教育、教化为主，即后世所谓“师保之教”。不仅职务基本相同，其掌管的教育、教化的内容也基本一致，这些内容，在后世的儒家学者身上，都可以得到充分的体现。另外，《周礼·地官·大司徒》也谈到儒，且师儒连称曰：

> 以本俗六安万民：一曰媺宫室，二曰族坟墓，三曰联兄弟，四曰联师儒，五曰联朋友，六曰同衣服。

本俗，即原有的基本礼俗。以旧有的基本礼俗来安定万民，其中一俗即“联师儒”。郑注：“师儒，乡里教以道艺者。”贾疏：“以其乡立庠，州党及遂皆立序，致仕贤者，使教乡闾子弟。乡闾子弟皆相联合，同就师儒，故云联师儒也。”这里，师儒连称，反映了儒之内涵的演变，且可以看作是孔子以前，从巫、史、祝、卜中分离出来以后的儒的主要含义之一。

20世纪30年代，关于孔子以前有儒无儒的问题，学术界有许多辩论。胡适持孔子以前有儒说，认为“最初的儒，都是殷的遗民”，“他们负背着保存故国文化的遗风，故在那几百年社会骤变，民族混合同化的形势之中，他们独能继续保存殷商的古衣冠，也许还继续保存了殷商的古文字语言。在他们自己民族的眼里，他们是殷礼的保存者与宣教师”。（《说儒》）冯友兰的看法与胡适相反，认为在孔子以前既已有儒是不可能的。其理由主要有二：其一是“在孔子以前的书上，我们没有见过儒这个字”；其二是，儒是起于贵族政治崩坏以后，所谓“官失其守”之时，“贵族多有失势贫穷而养不起自用之专家者，于是在官之专家，乃失业散于四方”（《原儒墨》），而贵族政治崩坏，又恰在孔子之时，因此孔子之前无儒，儒是自孔子时才出现的。

胡、冯二氏的辩论，从今天的眼光看来，各自都有一定的道理。就儒的狭义方面说，冯友兰先生的看法较为妥当；而就儒的广义方面说，胡适先生的看法有合理性。其实，任何文化的发展都具有缓变的性质，儒与儒家（或儒学）虽然并非是一回事，但它们之间必有一定的历史渊源关系。因此，说孔子之前无儒家是对的；但说孔子之前无儒，就显得有些绝对。因为孔子创立儒家学派，建立儒学体系，并不是凭空完成的，必然依据历史遗留下来的材料和历史发展的逻辑，在此基础上方可创造或完成一个重要的学派。这一点除上引《周官》的两条材料外，还有一些材料可透露此中消息。

第一，《左传》哀公二十一年，“秋八月，公及齐侯、邾子盟于顾。齐人责稽首，因歌之曰：‘鲁人之皋，数年不觉，使我高蹈。唯其儒书，以为二国忧。’……”鲁哀公二十一年（公元前474年），上距孔子之死仅迟五年，盖当时《论语》尚未编出，而此之所谓儒书，是较早出现的儒与书的连用，其含义一方面盖指孔子教授弟子《周礼》或六艺之学；同时也不能排除孔子以前的儒学古义。

第二，孔子以前虽无儒之名，却有儒之实。专以相礼为职业者即是其一。其二是在官的礼乐专家，以殷周以来的礼乐典章教授贵族子弟，即前面所提到的“师保之教”。如《国语·楚语》载，楚庄王派士亹为太子师傅，士亹请教申叔时。叔时曰：“教之春秋，而为之耸善而抑恶焉，以戒劝其心；教之世，而为之昭明德而废幽昏焉，以休惧其动；教之诗，而为之导广显德，以耀明其志；教之礼，使之上下之则；教之乐，以疏其秽而镇其浮；教之语，使明其德，而知先王之务，用明德于民也；教之故志，使之废兴者而戒惧焉；教之训典，使知族类，行比义焉。”这里，申叔时所提出的“春秋”“世”“诗”“礼”“乐”“语”“故志”“训典”等内容，基本上都与后来儒家所提倡的“六经”或“六艺”有关。其中，除“春秋”非鲁春秋及“易”没有被列举外，其他五经的内容几乎都包括在这个简要的书目中，只是当时还没有明确化而已。

申叔时还对士亹说：如果上述典章文献的教育还不足以使太子恭顺向善，则需要进一步实施具体化的教育内容，即："明施舍以导之忠，明久长以导之信，明度量以导之义，明等级以导之礼，明恭俭以导之孝，明敬戒以导之事，明慈爱以导之仁，明昭利以导之文，明除害以导之武，明精意以导之罚，明正德以导之赏，明齐肃以耀之临。若是而不济，不可为也。"（《国语·楚语》）申叔时这段话更明确地表示出儒家之前早期儒者或"师保之教"的从教思想及其基本精神。这里提出的"忠""信""义""礼""孝""事""仁""文""武""罚""赏""临"等观念及内容，亦多为后来的儒家、儒者所继承。楚庄王在位时间是公元前613—前591年，共在位22年，以折中计，下距孔子出生早五十余年。由此可以说明，早在孔子前，即已产生了与后来儒家关系甚为密切的早期儒者。他们一面做官，一面成为王公贵族子弟的师保，后来遂演变为专以教书为职业的儒。

这就是说，在孔子以前既已有儒的职业，而且孔子以前之儒，又多与殷周以来的文化传统有密切关系，其中尤其着重于诗、书、礼、乐等文物典章制度。这一方面体现了当时社会政治的需要，同时也体现了贵族子弟教育的需要。在孔子以前，只有贵族才有教育，处于社会下层的民众很少或根本没有受教育的机会和权力。到了孔子所处的春秋末期，"王纲解纽"，贵族制度开始崩坏，于是出现"天子失官，学在四夷"和"礼失而求诸野”的局面。汉代刘歆提出“诸子出于王官论”，论及儒家乃言出于司徒之官。而《淮南子·要略篇》论及儒家时，亦称：“孔子修成康之道，述周公之训，以教七十子。使服其衣冠，修其篇籍。故儒者之学生焉。”儒学开始于孔子，遂成定论。

孔子以前有儒，但尚未成其学。这一点十分重要，因为它既可证明儒学不是孔子别出心裁的创造，而是取法历史，继承古学，发明新义，而取合于时代，故孟子屡称孔子为“圣之时者也”。

从上面对古儒的追溯可知，孔子所创立的儒家学派或建立的儒学思想，一方面保持了古儒的特点、特征；同时又使古儒跃升为新的儒学，因此也就具有了新的意义。首先，从内容上看，《诗》《书》《礼》《乐》《易》《春秋》，这些被汉代人称为“六经”的三代元典，远在孔子以前，既已成为儒者教授贵族子弟的基本科目，孔子后，遂即成为儒家遵循的重要经典；第二，上述内容虽有传续，但至春秋后期，随着社会的动荡和时代的迁流，三代元典渐趋散乱，虽在官府时有教授，但若无孔子的修订、整理和传授，中国传统儒学则大有断裂的危险；第三，在孔子以前，“六艺”或“六经”的内容，多是贵族政治赖以存在的理论形态和主导思想，孔子后修其为学，使之更加系统化、完整化和规范化；第四，孔子首开私人讲学之风，把古代文献和传统学术思想从原来官方独揽的局面转化为向民间普及，从而奠定了中国社会传统教育的基础，为以后士阶层的形成、发展与巩固，准备了从形式到内容的完整模式；第五，由于古代儒者与后来儒家均以“六艺”为宗，故使儒家学派从始至终对中国社会现实、人们的道德修养、人生的进退出处充满了热忱和关怀，从而与事功、作为及历代政治结下了不解之缘，树立了远离宗教和关心人文的现实态度及实用理论的传统。

前面提到，儒学或儒家是后来汉代人的说法，孔子本人在《论语》中只谈到“大人儒”与“小人儒”的问题（《论语》中，“儒”字仅此两见）。《孟子》书中，“儒”字亦仅两见。到了荀子，情况则大有改观，《荀子》书中专有《儒效》篇以释儒，提出所谓“大儒”“小儒”“雅儒”“俗儒”等概念，以阐释孔子所称为的“大人儒”与“小人儒”的差别及义涵。他说：“圣人也者，道之管也。天下之道管是矣，百王之道一是矣，故《诗》《书》《礼》《乐》之归是矣。《诗》言是，其志也；《书》言是，其事也；《礼》言是，其行也；《乐》言是，其和也；《春秋》言是，其微也。……天下之道毕是矣。乡是者臧，倍是者亡。乡是如不臧，倍是如不亡者，自古及今，未尝有也。”这里所谓的圣人，实为荀子所谓的“大儒”之效。王先谦解“天下之道管是矣，百王之道一是矣”之“是”，乃谓“管，枢要也；是，是儒学”。荀子认为，作为圣人之大儒，乃是天下之道的总汇，而“天下之道”“百王之道”所依据、所通行者，即是儒学。《诗》言儒志、《书》言儒事、《礼》言儒行、《乐》言儒和、《春秋》言儒之微言大义。总之，此段文字所言“是”者，皆谓儒也，也就是说，荀子认为，天下之道皆以儒为归依，遵循它，国家即可得治，违背它，国家即遭衰亡。

这里，荀子明确地把《诗》《书》《礼》《乐》《春秋》作为儒家或儒学的归依，“天下之道”“百王之道”均以此为指导，能行此道者，“在本朝则美政，在下位则美俗。儒之为人下如是矣。……其为人上也，广大矣，志意定乎内，礼节修乎朝，法则度量正乎官，忠信爱利形乎下，行一不义、杀一无罪而得天下，不为也。此君义信乎人矣，通于四海，则天下应之如讙”（《效儒》），“此之谓大儒”。这些都可看作是荀子对儒或儒学所给予的理解或初步界定。

在荀子稍后的时代，虽然仍未现儒家、儒学的概念，但对儒的规定更加具体化，以《礼记·儒行》篇为例，其对儒或儒者的思想、行为做了详细规定，其中包括容貌、品行、举贤、援能、修身、交友等等，在列举了十几条儒者所应具有的品德之后，《儒行》篇的作者进一步总结说：“温良者，仁之本也。敬慎者，仁之地也。宽裕者，仁之作也。孙接者，仁之能也。礼节者，仁之貌也。言谈者，仁之文也。歌乐者，仁之和也。分散者，仁之施也。儒者兼此而有之，犹且不敢言仁也。其尊让有如此者。”这里，作者把仁作为儒者最重要的思想内涵提出来，并从温良、敬慎、宽裕、孙接、礼节、言谈、歌乐、分散等八个方面规定了儒者的思想和行为，突出了仁对儒者的本质界定。该文最后又特别强调：“儒有不陨获于贫贱，不充诎于富贵，不慁君王，不累长上，不闵有司，故曰儒。今众人之命儒也妄，常以儒相诟病。”

以上这两条材料，可看作是对儒者的首次定义。其中亦透露出作者对当时“常以儒相诟病”和“众人命儒也妄”的批评。这其中的批评，亦应包含孔子死后“儒分为八”所造成的儒家学派的分化与相互攻讦带来的思想混乱，故有重新厘定何谓儒、何谓儒学的思想动机。由此看来，《儒行篇》的出现，不会早于荀子，也不会晚于秦汉，一定是从荀子到秦汉间的儒家著作，因为无论是荀子，还是《儒行篇》，都未出现儒家和儒学这两个概念。这两个概念都是秦汉以后出现的。

值得注意的是，直到司马谈《论六家要旨》，方对儒学的性质及功能做出说明，但却始终未发现儒学或儒家的概念，而是以儒者称之。如其言："儒者博而寡要，劳而少功，是以其事难尽从。""夫儒者以六艺为法。六艺经传以千万数，累世不能通其学，当年不能究其礼，故曰'博而寡要，劳而少功'。若夫列君臣父子之礼，序夫妇长幼之别，虽百家不能易也。"这是中国历史上继荀子以后，对儒家或儒学基本特征的最早描述，但还谈不上是对儒家或儒学的定义。对儒家或儒学具有定义性描述和评论者，要属两汉之际的大儒刘歆，其在《七略》的《诸子略》中，正式提出儒家和儒学的概念，且对儒家的起源、性质、特点等做了较为细微的描述和评论。他说：

> 儒家者流，盖出于司徒之官，助人君顺阴阳明教化者也。游文于六经之中，留意于仁义之际，祖述尧舜，宪章文武，宗师仲尼，以重其言，于道最为高。孔子曰："如有所誉，其有所试。"唐虞之隆，殷周之盛，仲尼之业，已试之效者也。然惑者既失精微，而辟者又随时抑扬，违离道本，苟以哗众取宠。后进循之，是以五经乖析，儒学寖衰，此辟儒之患。

上述刘歆对儒家或儒学的看法，可构成何为儒家、何为儒学的定义，其中既涵盖儒家之起源，又涵盖儒学之基本内涵，同时也揭示了儒学在历史上的功能和效用，而且还探讨了“五经乖析”“儒学寖衰”的原因。刘歆对儒家的这种分析评论，对后世产生巨大影响。

可见，究竟何谓儒、何谓儒学，自古以来就没有统一的说法。但这并不影响人们对儒或儒学的了解。儒家“六经”所包含的内容，可以说都是儒学的内容，其中包括社会、政治、经济、哲学、艺术、伦理、人生、道德等庞杂内容。在如此诸多的内容之中，又贯穿着儒家的宇宙观、形上学、人生观和方法论。因此，要给儒家或儒学下一个完全周延的定义，几乎是不可能的。因此也只能从某一角度或某一侧面概括其某一特点。近现代以来的许多学者就是如此，如梁漱溟从儒家伦理的角度出发，认为所谓儒学，即是“反躬修己之学”（1985年2月在中国文化书院举办的“中国文化讲习班”上的演讲）。冯友兰在其《新原人》中，认为儒学主要是“关于人生境界的学问”。而钱穆则认为，“儒为术士，即通习六艺之士”（《先秦诸子系年考辨》），由此亦可推出“儒学即六艺之学”。还有的学者认为“儒学即是人学”等等。这些言简意赅的概括，都有一定的道理，但又都缺乏周遍性。如果把古往今来的这些意见综合起来，能否说：

所谓儒学，是指孔子开创的以“五经”“四书”为主要经典，以天人合一和中庸为主要原则，以仁义礼智信五常之道为基本观念的劝学、修为、务本、入世的人道理论和人文思想。

这样一个定义，能否在外延上与中国古代其他重要学派如道家、墨家、名家、法家、阴阳家等划分清楚，而在内涵上又能一定程度地揭示儒学的基本性质和基本特征，从而避免以往儒学定义所存在的同义反复和某种片面性？在中国历史上，儒家思想的发展演变，实际上已不同程度地吸收或融汇了先秦诸子各派的思想精华，与其他各派相比，儒学或儒家学派是比较开放和包容的，其中包括从魏晋至唐宋，儒学对玄、佛、道的吸收，近现代以来，儒学对西方思想的吸收等等。也正因为如此，儒学或儒家思想才成为中国传统文化之主流、主干，离开儒学，中国传统文化或将失去其基本内核。

汤先生的《儒学十讲》，可以说是以哲学家的眼光对儒学基本内核的理论透析，它代表了汤先生对儒家哲学体系的完整概述和儒学基本内涵的系统分析。在汤先生看来，天人合一是儒学或中国哲学中讨论天人关系的最重要的命题，“它不仅是一根本性的哲学命题，而且构成了中国哲学的一种思维方式”，在中华民族的生存发展历史上，它成为历代哲学家和思想家们的普遍共识，成为早期中国文化认识和理解构成人类处境的外部环境的理论思考和贯通一切的思维方式。这种思维方式，是把包括人类在内的整个宇宙看作是一个有机、有序和不可分割的生命共同体，是一个动态的、模糊的和充满生机的大化流行。因此，天人合一作为一种普遍性的哲学思考，“它表达着人与天有着内在的相即不离的有机联系，而且在人实现天人合一境界过程中，达到人的自我超越”。汤先生还认为，只有把“天人合一”思想做哲学的理解，“这样才能认识其真精神和真价值”。

汤先生论知行合一，重点强调知行问题不仅仅是一个认识论问题，“在儒家哲学中，它更是一个伦理道德问题”，它是要求解决人在社会生活中，不仅应知，而且应行（实践，身体力行）。认识问题如果不与道德修养问题相结合，就会产生知与行的严重割裂，从而造成人格的分裂。汤先生在该论中，引王夫之的话说：“智者，知礼者也；礼者，履其知也。履其知而礼皆中节，知礼则精义入神，日进于高明而无穷。”汤先生认为，这正是儒家哲学中做人的道理所在。所以，知行合一无非是要求人们既要知天道、人道，又要行天道、人道，以体现宇宙大化的流行，这样就会有一个高尚的精神境界，使知识不流于空疏，使行为不流于污浊，其中最重要的就是要做到知行合一。

汤先生论情景合一，乃是从艺术和美学角度，讨论审美主体与审美客体的相即相融关系，揭示儒学强调从人的心灵深处去体悟道德之善，从而达到由天人合一向情景合一的贯通和渗透，以实现儒学在人生境界上的艺术美与心灵美的有机统一。在汤先生看来，情景合一不仅是美学命题，而更重要的是一个哲学命题。汤先生引用明代谢榛《四溟诗话》说："情融于内浑且长，景耀于外而远且大。"情是内在于人的；景是外在于境的。把审美主体之情，融入审美客体之景，才能体现艺术作品的生命跃动。也即是说，只有情与景相融，心与境相通，内与外相即，才能成为上乘的艺术作品，从而达到主客合一的最高审美境界。这也即是儒家"为人生而艺术"的审美观和艺术观。这种"为人生而艺术"的审美观，对人之性情的陶冶，对人格修养的润泽，乃至对人生境界的培育都起到了决定性的作用。汤先生充分肯定儒家的情景合一的文艺美学命题，是人们追求高尚的人生境界不可或缺的重要环节，它是构成儒家哲学体系的三大支柱之一。

总之，在汤先生看来，《儒学十讲》的核心即是上述三个合一。天人合一是要求人在生生不息的天道变化中实现自我与天的认同，其所体现的是人类对真的探求；知行合一要求人在社会生活中认知并实践天人合一，这是人类在身体力行中，自我完其善的过程（即《易传》所谓“一阴一阳之谓道，继之者善也，成之者性也”）；情景合一是要求人在探求真、善的过程中，不断深化其思想感情而感受天地造化之功，而达到情景交融、主客合一的尽美境界，体现真、善与美的统一。

汤先生认为，儒家哲学关于真、善、美之所以可用天人合一、知行合一和情景合一来表述，这正体现中国传统哲学以追求一种人生理想境界为目标，而天人合一正是中国的一种在人与天地万物之间有着相即不离和相互依存的整体有机的宇宙观和思维方式。

汤先生对儒家哲学的理解，具有对儒学现代诠释的意义，从中可以看出汤先生尝试建立自己的中国哲学体系的雏形，即通过揭示儒家哲学的基本范畴，归纳出儒家哲学以天人合一、知行合一和情景合一这三大核心命题为主线，构建儒家哲学的真、善、美这三重人生哲学的重要理念，突出了中国哲学重人生的基本特质。

从基本范畴到核心命题，再到真、善、美三重理念的建构，最后落实到中国的人生哲学或理想境界，这是纵向延伸的逻辑结构。同时还有其哲学体系的横向逻辑结构：即由天人合一、知行合一和情景合一的三大核心命题，推衍出中国哲学的三个重要构成部分或三大基本理论体系，即普遍和谐论、内在超越论、内圣外王论。普遍和谐理念体现儒家哲学的宇宙论和人生论，内在超越精神体现儒家哲学的境界论和修养论，内圣外王之道体现儒家的社会政治论。此外在《论〈周易〉哲学》和《论和而不同》两篇文章中体现出知识论和方法论倾向。

《儒学十讲》是汤先生儒学研究的经典之作。实际上在“十讲”之外，汤先生还有大量的儒学研究成果，这些成果基本上都是围绕儒学所展开的讨论，其中包括中国哲学范畴体系问题、新轴心时代问题、中国解释学问题、文明共存问题、中西古今会通问题、反本开新问题、儒学与马克思主义的关系问题、普遍价值问题、儒学与外来文化关系问题以及儒学的现代转化问题。这十大问题与《儒学十讲》都有紧密的联系。儒学十讲具有微观研究性质，“十大问题”则具有宏观研究性质，因此，我们在阅读汤先生的《儒学十讲》时，还要参考上述“十大问题”的研究，这样才能全面理解汤先生的历史忧思和他的文化关系。

在北京出版社出版汤一介先生的《儒学十讲》之际，出版社嘱我为该书写序，汤先生是国学大家，我是汤先生的后学，因此不敢称序，仅为学习心得而已。

2018年9月于北京大学

目录

论天人合一

在中国传统哲学中，天和人可以说是两个最基本、最重要的概念，天人关系问题则是历史上我国哲学讨论的最重要的问题。司马迁说他的《史记》是一部“究天人之际”的书；董仲舒答汉武帝策问时说，他讲的是“天人相与之际”的学问；扬雄说：“圣人……和同天人之际，使之无间。”魏晋玄学的创始者之一何晏说另外一位创始者王弼是“始可与言天人之际”的哲学家。唐朝的刘禹锡对柳宗元的批评，说柳宗元的《天说》“非所以尽天人之际”，没有弄清楚天与人的关系。宋朝的思想家邵雍说得很明白：“学不际天人，不足以谓之学。”学问如果没有讨论天人的关系，不能叫作学问。可见，自古以来中国的学者都把天人关系作为最重要的研究课题。在中国传统哲学中，对天人关系问题有种种不同的理论，例如荀子提出“明天人之分”，他把天看成是和人相对立外在的自然界，因此他认为天和人的关系，一方面天有天的规律，不因人而有所改变，“天行有常，不为尧存，不为桀亡”；另一方面人可以利用天的规律，“制天命而用之”，使之为人所用。荀子批评庄子说：庄子“蔽于天而不知人”，是说庄子只知道天的功能（顺自然），而不知道人的功能。刘禹锡提出“天人交相胜”的思想，他认为天和人各有各胜出的方面，不能互相代替。还有如道教提出的“我命在我不在天”，成仙只能靠自己修炼，不是天生的，也不能靠外力等等，都是讨论的天人关系问题。这些学说，在中国历史上虽有一定影响，唯有天人合一学说影响最大，它不仅是一根本性的哲学命题，而且构成了中国哲学的一种思维模式。

在中国哲学史上，讲天人合一的哲学家很多，而儒家学者讲此学说最多，但如果我们作点具体分析，也许可以看到他们中间也颇有不同。根据现在我们能见到的资料，也许《郭店楚简·语丛一》“易，所以会天道、人道也”，是最早最明确的天人合一思想的表述。它的意思是说，《易》这部书是讲会通天道（天）和人道（人）的关系的书。《郭店楚简》大概是公元前300年前的书，这就是说在公元前300年前已经把《易》看成是一部讲天人合一的书了。为什么说《易》是一部会通天道和人道的书？这是因为《易经》本来是一部卜筮的书，它是人们用来占卜、问吉凶祸福的。而向谁问？是向天问。人向天问吉凶祸福，所以说《易经》是一部“会天道、人道”的书。《易经》做占卜用，在《左传》中有很多记载，如庄公二十二年“周史有以《周易》见陈侯”条；昭公七年“孔成子以《周易》筮之”条等等，均可证。《易传》特别是《系辞》对《易经》所包含的“会天道、人道”的思想做了哲学上的发挥，阐明天道和人道会通之理。

《周易》（主要是由《系辞》所阐发的易理）的天人合一观念是要说明天和人存在着一种相即不离的内在关系，不能研究天道而不涉及人道，也不能研究人道而不涉及天道，因此它作为一种思维模式，应有着极有意义的正面价值。为了把天人关系问题弄清，也许应该对天这个概念在中国历史上的含义有个全面的了解，至于人这个概念，可能没有多少要讨论的地方，但是人性问题则是儒学讨论之重要问题，此问题在《论“道始于情”与儒学的性情说》中有所论述。

在中国历史上，天有多种含义，归纳起来至少有三种含义：一、主宰之天（有人格神义）；二、自然之天（有自然界义）；三、义理之天（有超越性义、道德义）。主宰之天（如皇天上帝）和西周的天命信仰有密切联系，如《大盂鼎》："丕显文王，受天有大命。"光辉的文王，被天授予统治天下的命令。《周书·召诰》："皇天上帝，改厥元子兹大国殷之命。"皇天上帝，更换了他的长子大国殷统治四方的命令。皇天上帝或皇天、上帝都是指的最高神，这说明天是主宰意义的天，含有人格神的意思，对人间具有绝对的权威。在《诗经》中，天也是主宰意义的天，如"不吊昊天，乱靡有定，式月斯生，俾民不宁"（《小雅·节南山》）。不善良不仁慈的天，祸乱没有定规的发生，月甚一月，使老百姓不得安宁。"浩浩昊天，不骏其德，降丧饥馑，斩伐四国。"（《小雅·雨无正》）浩大的天呀，不施它的恩惠，而降下死亡饥馑的灾祸，杀伐四方国家的人民。这里的天除有主宰之天的意义，而且有高高在上的自然之天的意思，天可以降自然灾祸。这种天可降自然灾祸，早在殷墟卜辞中已有，不过是帝或上帝降灾祸，例"帝其降堇"（《卜辞通纂》363），"上帝降堇"（胡厚宣《甲骨续存》1.168）。卜辞中还有帝（上帝）降风、降雨等等的记载。看来在殷也许还没有以天为最高神的意思。因此，到西周天既是主宰之天，又有高高在上自然之天的意思。同时，我们还可以说当时的天还有道德的意义，天以其赏善罚恶而表现着一定的道德意义。如《周书·召诰》中说："惟王其疾敬德？王其德之用，祈天永命。"帝王只有很好地崇尚德政，用道德行事，才能得到天的保佑。这就是说，在春秋战国前天的含义很含混，有着多重的意义。

春秋战国以降，天的上述三种不同含义在不同思想家的学说中才渐渐使其内涵明确起来。墨子的天志思想，更多意志之天的意思。如说："天之行广而无私，其施厚而不德，其明久而不衰。"（《法仪》）这就是说，天具有最高的智慧、最大的能力，"赏善而罚暴"，没有偏私。在《天志》中还明确地讲，天有意志，"吾所以知天之爱民之厚者，有矣""天之意，不欲大国之攻小国"，如果违背了天的意志，就要"得天之罚"，叫作天贼。由此可见，墨子的天基本上是继承着传统的主宰之天的意思。其后到汉朝有董仲舒，他所讲的天，一方面继承着传统的主宰之天的意义；另外一方面又把春秋战国以来的自然之天神秘化，使之与主宰之天相结合[1]。他提出的天人感应论可以说是天人合一的一种形式，受着当时流行的阴阳五行机械论的影响，与《周易》传统的有机论或有所不同。其实孔子、孟子也没有完全摆脱主宰之天的影响，如孔子说："获罪于天，无所祷也。"（《论语·八佾》）孟子说："莫之为而为者天也，莫之致而至者命

① 董仲舒以气候的变化来说明天的意志，如他说："春气暖者，天之所以爱而生之；秋气清者，天之所以严而成之；夏气温者，天之所以乐而养之；冬气寒者，天之所以哀而藏之。"（《春秋繁露·王道通三》）由于战国时有些思想家把天看成是自然界，如荀子等，他们把四时变化、日月递炤、列星随旋、阴阳大化、风雨博施、万物生长都看成是天的自然表现。董仲舒同样也认为上列诸现象是天的表现，不过这些不是天的自然表现，而是天的意志的表现，是天的仁爱之心的表现，"天，仁也。天覆育万物，既化而生之，又养而成之；事功无已，终而复始"（《春秋繁露·王道通三》）。基于这样一种对天的认识，董仲舒的天人合一学说主要论述的是天人感应问题。自战国以来，机械感应已相当流行，如"类固相召，气同则合，声比则应"等等，并有以此推出"帝者同气，王者同义，霸者同力"，再推出"凡帝王者之将兴也，天必先见祥乎下民"（均见《吕氏春秋·应同》）。董仲舒也是从物类感应推出天人感应，如他说："琴瑟择弹其宫，他宫自鸣而应之，此物之以类动者也。其动以声而无形……则谓之自然，其实非自然也，有使之然者。物固有实使之，其使之无形。"（《春秋繁露·同类相动》）使之者为天。照董仲舒看，天与人之所以有感应，因"以类合之，天人一也"。为什么天与人是一类？他认为："人之受命于天，取仁于天而仁也。""为生不能为人，为人者天也。人之人本于天，天亦人之曾祖父也。此人之所以乃上类天也。"（《春秋繁露·为人者天》）就此我们可以说董仲舒的天人合一思想实是一种"天人机械感应合一论"。这种天人合一思想或与《周易》开创的直至宋人所发挥的"天人有机相即合一论"的意义颇不相同（可参见拙作《董仲舒的哲学思想及其历史评价》，载《北京大学学报》，1963（3））。

也。”（《孟子·万章上》）非人力所为而做成的是天的力量，非人力所能达到而达到的是命定的。但是孔孟说的天已有较强的道德意义了。[1]这种主宰之天的影响甚至到宋儒也还存在，《朱子语类》卷七十九：“或问：天视自我民视，天听自我民听，天便是理否？曰：若全做理，又如何说自我民听视，这里有些主宰底意思。”盖因朱子认为“天即理”，《中庸章句》：“天以阴阳五行化生万物，天即理也”，故他的天大体上都是说的天理，即天为义理之天。朱熹还进一步认为天有道德意义，如他说：“仁者，天地生物之心。”（《朱子语类》卷五十三）但在解释经典时，又不能全然不顾原有的主宰之天义。同卷又有：“天固是理，然苍苍者亦是天，在上而有主宰者亦是天，各随他所说。今既曰视听，理又如何会视听？虽说不同，又却只是一个。知其同，不妨其为异。知其异，不害其为同。”这就是说，对天可以从不同方面说，可以是义理之天，也可以是自然之天，亦可以是主宰之天，但都是指同一个天。朱熹的“天即理”说明超越性的天具有某种神圣性，故有主宰义，且为高高在上之苍苍者，亦有超越义，且天有“盎然

① 《论语·述而》：“天生德于予，桓魋其如予何？”《孟子·尽心上》：“尽其心者，知其性也；知其性，则知天矣。存其心，养其性，所以事天也。”此天均有道德意义。

生物之心”的道德义，故天是一含义非常丰富的概念。在宋朝也有把天看成是自然界，如张载说：“太虚即气”“由太虚有天之名”（《正蒙·太和》）。如果说，在西方上帝和自然界为二（但斯宾诺莎的“God is nature”又当别论），在中国天往往是合主宰与自然（界）为一，而后更赋予天以性理义，所以朱熹说：“天之所以为天者，理而已。天非有此道理，不能为天。故苍苍者即此道理之天。”“天下只有一个正当道理，循理而行，便是天。”（《朱子语类》卷二十五）看来，到宋儒更重视天为义理之天的方面。照我看，正是由于在中国历史上天这个概念有着上述的多重含义，这样就使天不只是指外在于人的自然界，而是一有机的、连续性的、生生不息的、能动的、与人相关联的不可分的（“天行健，君子以自强不息”）存在。基于此，天这一概念在中国是指与人有着内在联系的有机体。

在我们了解了中国哲学中天的含义的复杂性的基础上，来讨论由《周易》开启的天人合一学说或者能较好地揭示其重要的哲学意义。如果我们从科学的意义上了解中国哲学中的天，无疑会提出种种问题。但是，在中国哲学中的天只是一哲学概念，因而体现天人关系的天人合一命题，也只能从哲学意义上了解它。关于天在中国哲学中的含义，在上面我们做了分析。

下面我们讨论天人合一这一中国哲学的重要命题。

为什么现在天人合一思想受到大家的重视，我想和当今发生的生态危机有关。科学的发展无疑会造福人类社会，但也有可能危害人类社会。近世以来，由于对自然的无量开发，资源浪费，臭氧层变薄，海洋毒化，人口暴涨，环境污染，生态平衡的破坏，已经严重地威胁着人类自身生存的条件。1992年世界1575名科学家发表了一份《世界科学家对人类的警告》，开头就说："人类和自然正走上一条相互抵触的道路。"造成这种情况不能说与西方哲学曾长期存在天人二分的思维模式没有关系。罗素在《西方哲学史》中说："笛卡尔的哲学……它完成了或者说极近乎完成了由柏拉图开端而主要因为宗教上的理由经基督教哲学发展起来的精神、物质二元论……笛卡尔体系提出来精神界和物质界两个平行而彼此独立的世界，研究其中之一能够不牵涉另一个。"[①]西方哲学这种把精神界和物质界看成是各自独立的，是互不相干的，因此其哲学是以精神界与物质界的外在关系立论，或者说其思维模式是以精神界与物质界为独立的二元，可以研究一个而不牵涉另外一个。（现代西方哲学一些派别对这种二元思维已有所批评，如怀特海的过程

---

① 罗素：《西方哲学史》下册，第91页。

哲学。）[1]然而中国哲学及其思维模式与之有着根本的不同，中国哲学（特别是儒家思想）认为研究天（天道）不能不牵涉人（人道）；研究人也不能不牵涉到天。这就是中国哲学的天人合一思想。而这一思想早在春秋战国时期就为中国哲学家提出，这就是郭店楚简《语丛一》中所表达的“易，所以会天道、人道也”。下面我们来分析一下《周易》中所包含的天人合一思想。

一、我们知道《系辞》是对《易经》做哲学解释的传，在其中深刻地阐明天道和人道相会通之理。《系辞》中说：“《易》之为书也，广大悉备，有天道焉，有人道焉，有地道焉。兼三才而两之。”王夫之《周易外传》卷六谓：“三才之道，大全统乎一端，而一端领乎大全也。非达天人之际者，无以喻其深矣。”道是贯通天道、地道、人道的，“道一

① 《怀特海的〈过程哲学〉》（见2002年8月15日上海《社会科学报》）中说：“（怀特海）的过程哲学（process philosophy）把环境、资源、人类视为自然中构成密切相连的生命共同体，认为应该把环境理解为不以人为中心的生命共同体，这种新型生态伦理观，对于解决当前的生态环境危机具有重要的现实意义。过程哲学是生态女性主义的思想之根，因为生态女性主义的哲学基础是彻底的非二元论，是对现代二元思维方式的批判，而怀特海的有机整体观念，正好为它提供了进行这种批判的理论根据。”可见，现代一些西方哲学家已经对“天人二分”的二元对立的思维方式做出反思，并且提出了“自然”与“人”构成“密切相连的生命共同体”。

成而三才备”；大全者道也，由道则可以统一三才的任何一个，而且由三才之一也可以领会（统领三才的）大全。不懂天人关系是无法使之理解《易》的深奥的道理的。（“易之为书也，广大悉备”，王夫之《周易外传》谓：“悉备者，大全统乎一端，而一端领乎大全也。”）《易经》这部书，广大无所不包，它既包含着天地（天）的道理，也包含着人的道理。另一解释《易经》的《说卦》中说：“昔者圣人之作《易》也，将以顺性命之理，是以立天之道，曰阴与阳；立地之道，曰柔与刚；立人之道，曰仁与义。兼三才而两之。”古代的圣人做《易》是为了顺乎性命的道理，所以用阴和阳来说明天道，用刚和柔来说明地道，用仁和义来说明仁道，把天、地、人统一起来看都表现为乾坤。所以宋儒张载注说：“三才两之，莫不有乾坤之道也。易一物而合三才，天（地）人一，阴阳其气，刚柔其形，仁义其性。”[①]天、地、人三才都是说的乾（☰）、坤（☷）两两相对相即的道理。《易》是把天、地、人统一起来看的，所以天人是一体的。在这里张载用的是“天（地）人一”，这是有道理的，因为天可以包含地，所以《易经》讲的三才实际上是认为人和与人相对应的天地是统

① 《张载集》，北京，中华书局，1978年，第235页。

一的一体。这种天人合一的思维模式到宋朝的理学家就更加明确了，例如程颐说："安有知人道而不知天道者乎？道，一也。岂人道自是一道，天道自是一道？"照儒家看，不能把天、人分成两截，更不能把天、人看成是一种外在的对立关系，不能研究其中一个而不牵涉另外一个。朱熹说："天即人，人即天。人之始生，得之于天。既生此人，则天又在人矣。"天离不开人，人也离不开天。人之初产生虽然是得之于天，但是既生此人，则天全由人来彰显，人对天就负有神圣的责任。如无人则如何体现天的活泼泼的气象，如何"为天地立心"。"为天地立心"就是"为生民立命"，不得分割为二。孔子说："人能弘道，非道弘人。"只有人才可以使天道发扬光大，如果人不去实践天道，天道如何能使人完美高尚呢？孔子说："知天命。""知天命"即是了解天的运行发展的趋势。因此，在中国传统哲学中，天是有机的、连续性的、有生意的、生生不息的，与人为一体的。王夫之的《正蒙注·乾称上》中说："抑考君子之道，自汉以后，皆涉猎故迹，而不知圣学为人道之本。然濂溪周子首为太极图说，以究天人合一之源，所以明夫人之生也，皆天命流行之实，而以其神化之粹精为性，乃以为日用事物当然之理，无非阴阳变化之秩序，而不可违。"（我们考察学者的学说，从汉朝起，都只是抓到先秦学说的外在的现象，而不知道《易经》是人道的根本，只是到宋朝的周敦颐开始提出了《太极图说》，探讨了天人合一的道理，阐明了人之始生是天道变化产生的结果，在天道变化中把它的精粹部分给了人，使之成为人性，所以人道的日用事物当然之理和天道阴阳变化的秩序是一致的，人道和天道是统一的，这点是不能违背的。）王夫之这段话，可以说是对儒家天人合一思想，也是对《易经》的“所以会天道、人道也”很好的解释。人道本于天道（因为人是天的一部分），讨论人道不能离开天道，同样讨论天道也必须考虑到人道，这是因为天人合一的道理既是人道的“日用事物当然之理”，也是天道的“阴阳变化之秩序”。张载对《易》的解释说：“儒者则因明致诚，因诚至明，故天人合一，致学可以成圣，得天而未始遗人，《易》所谓不遗，不流，不过者也。”王夫之注说：“诚者，天之实理；明者，性之良能。性之良能出于天之实理，故交相致，而明诚合一。”所谓“不遗”是据《系辞》“与天地相似，故不遗”，意思是说《易》这部书包括了天地万物的道理而无遗漏；所谓“不流”是据《系辞》“旁行而不流”，韩康伯注谓：“应变旁通而不流淫”，意思是说天地万物在变化中而有秩序；所谓“不过”是据《系辞》“知周乎万物，而道济天下，故不过”，意思是说对万物普遍地施与而没有差错。王夫之对张载关于《易经》的解释，应该说能抓住要旨，他把儒家的“诚明合一”解释为天人合一应说很高明，因为诚是“天之实理”（天的实实在在的道理、规律），明是人性中最智慧的能力，明则可以成圣，而圣学为人道之本，故《易》“得天而未始遗人”，《易》讲天道，同时也是讲人道的。这说明《易》确乎是阐明天人合一的道理的经典。我们讨论天人合一这样一种思维模式，是要说明人和天存在着一种内在的关系，我们必须把人和天的关系统一起来考虑，不能只考虑一个方面，不考虑另外一个方面。天人合一这一由《周易》所阐发的命题，无疑是儒家思想的重要基石。因此，我们说天人合一作为一个哲学命题、一种思维模式对今天解决人和自然的关系应该说有着正面的积极意义。

（2）《郭店楚简》有一篇《性自命出》，其中说：“性自命出，命由天降。”这里的命是指天命之所命，性是出自于天之所命，命是由天赋予的，《礼记注疏·中庸》“天命之谓性”，注曰：“天命，谓天之所生人者也，是谓性命”；《朱子语类》卷六十二谓：“命虽是恁地说，然亦兼是付与而言”。性是由天决定的，非人力所及，因此天命是一种超越的力量，人应对天有所敬畏，“畏天命”，应知命，但天并非死寂的，而是活泼泼的，是无方所的。故《系辞》上谓：“神无方而易无体。”天虽是超越的，又是内在的，内在于人，孟子曰：“存其心，养其性，所以事天也。殀寿不贰，修身以俟之，所以立命也。”养性，即是事天；修身，即是立命，故天又内在于人。合而言之，天之与人是一种内在超越的关系。所以《语丛一》中又说：“知天所为，知人所为，然后知道，知道然后知命。”知道天的道理（运行规律），又知道人的道理（为人的道理），即社会运行的规律，合两者谓之知道，知道然后知天之所以是推动人的内在力量（天命）之故。这是由于人是内在于天的。故孔子说：“五十而知天命。”“知天命”即是依据天的要求而充分实现由天得来的天性。《朱子文集》第六十七卷谓：仁者，“在天则盎然生物之心，在人则温然爱人利物之心，包四德而贯四端者也”。天道生生不息，以仁为心，天有使万物良好地生长发育的功能，故人也应效法天，要爱护一切。这是因为天人一体，人得天之精髓而为人，故人生当在实现天之“盎然生物之心”，而有“温然爱人利物之心”，天心人心实为一心。人生之意义就在于体证天道，人生之价值就在于成就天命，故天人之关系实为一内在关系。内在关系与外在关系不同，外在关系是说在二者（或多者）之间是各自独立的、不相干的，而内在关系是说在二者（或多者）之间是不相离而相即的。天人合一这一《易》所阐发的命题，是中国儒家思想的重要基石。儒家哲学认为，在天和人之间存在着一种内在关系，两者是相即不离的。因此，研究其中之一不能不牵涉另一个。依据天人合一的哲学命题和思维模式，我们在考虑人类自身问题的同时，必须要考虑自然界的问题，忽略了这一点，人类就要受到惩罚。当今人类不正是由于严重地忽略了这种天与人相即不离的内在关系，而使“人类和自然正走上一条相互抵触的道路”吗？

由《易经》开出的天人合一思想（即“易，所以会天道、人道也”的思想）对解决当前生态问题作为一种哲学的思考、一种思维模式，或可对我们有几点启发。

一、我们不能把人和天看成是对立的，这是由于人是天的一部分，“人之始生，得之于天”。作为天的一部分的人，保护天应该是人的责任，破坏天就是对人自身的破坏，人就要受到惩罚。因此，人不仅应知天（知道天道的规律），而且应该畏天（对天应有所敬畏）。现在人们强调知天（所谓掌握自然规律），只是一味用知识来利用自然，以至于无序地破坏自然，把天看作是征服的对象，而不知对天应有所敬畏，这无疑是科学主义极端发展的表现。科学主义否定天的神圣性，从而也否定了天的超越性，这样就使人们在精神信仰上失去了依托。中国人的天人合一学说认为，知天和畏天是统一的，知天而不畏天，就会把天看成是一死物，而不了解天乃是有机的、生生不息的刚健的大流行。畏天而不知天，就会把天看成外在于人的神秘力量，而人则不能体现天的活泼泼的气象。知天和畏天的统一，正是说明天人合一的一个重要方面，从而表现着人对天的一种内在的责任。

二、我们不能把天和人的关系看成是一种外在关系，这是因为天即人，人即天，天和人是相即不离的。人离不开天，离开天则人无法生存；天离不开人，离开人则天的活泼泼的气象无以彰显。这种存在于天和人之间的内在关系正是中国哲学的特点。如果人与天是一种外在关系（即它们是相离而不相干的），那么人就可以向天无限制地索取，而把天看成敌对的力量，最终人将自取灭亡。“易，所以会天道、人道也”正是要说明天道和人道之所以是统一的道理，不能在天道之外去说人道，同样也不可以在人道之外说天道，宋明理学对这点看得很明白。程朱的“性即理”和陆王的“心即理”虽然对天人关系入手处不同，程朱的“性即理”是由天理的超越性而推向人心的内在性，天理不仅是超越的而且是内在的，同样人性不仅是内在的而且是超越的。陆王的“心即理”是由人心的内在性而推向天理的超越性，人心不仅是内在的而且是超越的；天理不仅是超越的而且是内在的。因此，我们可以说，中国哲学是以内在超越立论的。既然中国哲学是从其内在超越性方面讨论天人关系的哲学，也就是说天和人不仅不是对立的，而且存在着内在的相即不离的关系。不了解一方，就不能了解另一方；不把握一方，就不能把握另一方。所以说，“为天地立心”就是“为生民立命”，不可分为两截。

三、天和人之所以有着相即不离的内在关系，因为天和人皆以仁为性。天有生长养育万物的功能，这是天的仁的表现。人既为天所生，又与天有着相即不离的内在关系，那么人之本性就不能不仁，故有“爱人利物之心”。如果天无生长养育万物的功能，人如何生存，又如何发展？如果人无“爱人利物之心”，无情地破坏着天的“生物之心”，同样人又如何生存？从天的方面说，正因为其有“生物之心”，它才是生生不息的、活泼泼的、有机相续的。从人的方面说，正因为其有“爱人利物之心”，人才与天、地并列为三才。因此，中国哲学认为，不能把天和人看成是不相干的两截，不能“研究其中之一能够不牵涉另一个”。

四、天人合一这一哲学命题体现着天与人之间的复杂关系，它不仅包含着人应如何认识天的方面，同样也包含人应该尊敬天的方面，因为天有其神圣性（神性）。这也许正是由于中国哲学（主要是儒家哲学）虽然不是纯粹意义上的宗教（如基督教、佛教），但它却有着强烈的宗教性。也许正因此，在中国儒家思想可以起着某种宗教的功能，也就是说天和人存在着一种超越的内在关系；天人合一不仅是人对天的认知，而且是人应追求的一种人生境界。因为天不仅是自然意义上的天，而且也是神圣意义上的天，人就其内在要求上说，以求达到“同于天”的超越境界。就这个意义上说，人和天不仅不是对立的，而且人应该与天和谐共存，以实现其自身的超越。这就是说，天人合一作为一种哲学思想，它表达着人与天有着内在相即不离的有机联系，而且在人实现天人合一的境界过程中达到人的自我超越。这样一种思维路径无论如何对我们走出天人二分（或天人对立）的困境是十分有意义的。

从以上四点，我们可以看出对天人合一思想应该做哲学的理解，这样才能认识其真精神和真价值。它作为一种思维方式对解决天人关系无疑是有其正面的积极意义，而更为重要的是它赋予了人以一种不可推卸的责任，人必须在追求“同于天”的过程中，实现人的自身超越，达到理想的天人合一的境界。

当然，儒家的天人合一思想不可能直接解决当前人类社会存在的生态问题。但是，天人合一作为一个哲学命题、一种思维模式，认为不能把天人分成两截，而应把天人看成是相即不离的一体，天和人存在着内在的相通关系，无疑会对从哲学思想上解决天人关系，解决当前存在的严重生态问题提供一有积极意义的合理思路。盖因哲学不可能直接解决人类社会存在的具体问题，就这方面说，它可以被视为无用之学。但它思考问题的路子却可启迪人们的智慧、提高人们的境界，故又可被视为大用之学。我们研究中国哲学就是要从中发掘出其无用之大用，以贡献于人类社会。

论知行合一

知行合一作为一哲学命题，虽然是王阳明明确提出来的，但自孔子以来，儒家各代都对知、行问题有过讨论。为什么儒家重视知行关系？这是由于儒家的精神是入世的，要“明明德”于天下。要“明明德”于天下，就不仅是个理念的问题，必须实践，必须身体力行，必须见于事功。所以孔子说：“吾岂匏瓜也哉？焉能系而不食？”孔子周游列国，是要“治国平天下”的。我认为，这就是儒家重视知行关系问题的道理。

《尚书·说命》中说：“非知之艰，行之惟艰。”《左传·昭公十年》中说：“非知之实难，将在行之。”都说到知行难易问题，把行看得比知更困难。这说明，中华民族在上古就是一个重视践行的民族。儒家就是继承着这个传统。在《论语》中没有直接说到知行关系问题，但有几处说到言与行的关系问题。如：“子贡问君子。子曰：先行其言，而后从之。”（《论语·为政》）意思是说：作为一个君子应对你要说的，先实行了，再说出来。“君子欲讷于言，而敏于行。”（《论语·里仁》）君子言语要谨慎木讷，而行动要快捷。《学而》中说：“君子……敏于事而慎于言。”“君子耻其言而过其行。”（《论语·宪问》）这几句话虽非直接讨论知和行的关系，但都是说孔子把言行一致视为道德上划分君子与小人的一个标准，从道德修养上看，君子应当言行一致。可见孔子更看重行，在这点上和“知之非艰，行之惟艰”的思想是一致的，可以说孔子教导人们应该首先做践行者。当然孔子本人不仅是一位道德上的践行者，而且是一位要使“天下有道”的圣人。所以孔子说：“如有用我者，吾其为东周乎！”假若有人用我，我将使周文王、周武王之道在东方复兴。孟子和孔子一样也没直接说到知行关系问题，而只是肯定“言，将行其言者”，而反对“言不顾行，行不顾言”的说大话者。如果我们从孟子的性善论看，他讲良知、良能，虽以恻隐之心、善恶之心、辞让之心、是非之心四端为人先天所固有的，但如何成为道德的仁、义、礼、智，则必须把四端“扩而充之”，这是要在道德实践中才能达到，所以孟子说：“凡有四端于我者，知皆扩而充之矣，若火之始然，泉之始达。苟能充之，足以保四海；苟不充之，不足以事父母。”人之善性，必须在实践中发挥出来才有意义。所以孟子特别强调要“行仁政”。孟子和孔子一样到各诸侯国想说动国君实行他的理想。有一次到齐国，齐滕文公问孟子如何治理国家，孟子说：“《诗》云：‘周虽旧邦，其命维新’，文王之谓也。子力行之，亦以新子之国！”意思是说，如果滕文公能像周文王那样，使国家充满新气象，努力实行，那你的国家也会气象一新。据此，我们可以知道孟子主张知必见之于行。就先秦儒家看，荀子可以说是真正讨论到知行关系的第一人。他在《荀子·儒效》中说：“不闻不若闻之，闻之不若见之，见之不若知之，知之不若行之。学至于行之而止矣。行之，明也；明之为圣人。圣人也者，本仁义，当是非，齐言行，不失毫厘，无它道焉，已乎行之矣。故闻之而不见，虽博必谬；见之而不知，虽识必妄；知之而不行，虽敦必困。不闻不见，则虽当，非仁也，其道百举而百陷也。”这段话可以说是荀子关于认识论的论述，可注意有三：一、荀子描述了认识的深化过程：闻到的东西不如亲自看见，百闻不如一见，闻、见还只是感性的；只有知才能对认识的对象有更深入的了解；而知必须行，才能说是一个完整的认识过程。《荀子·性恶》中说：“凡论者，贵其有辨合，有符验。”人们所掌握的认知重要的是在于合乎实际，能得到实践的检验。二、把学得的学问知识用于实践，才能使认识真正明确起来。（“行之明也”）能使认识（所提倡的学问）在实践中明确起来的是圣人。圣人的责任就是要以仁义为根据，判别是非，言行一致，做到完全没有差错，没有其他任何办法，只有学问知识落实到身体力行上才算完成。这里可以看出，荀子认为从知行关系看，行是目的。因为实践了，才可以知道是否真的“本仁义，当是非，齐言行”。三、荀子还对“闻之而不见”“见之而不知”“知之而不行”的弊病做了说明。“知之而不行”的毛病是，虽然知道得很多，但不能见之于行动，必定会困惑糊涂。由以上三点看，荀子也是在知行关系上更重行的。《郭店楚简·成之闻之》中有：“农夫务食，不强耕粮弗足矣。士成言不行，名弗得矣。”农夫所务在生产粮食，如果不勉力而耕，粮食的收获就不会很富足；士人只是说而不行，那么也就不能有什么好名声。这都说明先秦儒家大都以知必见之于行。

汉朝儒家学者对知行关系问题的讨论较少，扬雄有段话似可注意：“学，行之，上也；言之，次也；教人，又其次也。咸无为，为众人。”（《法言·学行》）这里也只是说实践比著述、教授更重要。我们是否可说，从先秦至汉众多儒家对知行关系问题的论述其实都和上引《尚书》和《左传》的意思大体相同，即认为行比知更重要。据此，我们可知先秦至汉，儒家关于知行问题基本上是从道德修养的提高或事功的践行方面考虑，除荀子外，很少涉及知行的认识理论问题。但到宋朝以后，宋明儒家学者则较为深入地讨论了理论问题。

张载认为，知识有两种，一是“见闻之知”，即感性认识；一是“德性所知”，即以理性为基础的超经验的认识，这种认识不依靠于感觉经验，主要依靠道德修养。程颐在继承张载把知行分为“见闻之知”和“德性之知”的基础上讨论了知行问题。他说：“闻见之知，非德性之知，物交物则知之，非内也，今所谓博物多能者是也。德性之知不假见闻。”（《二程遗书》卷二十五）“见闻之知”是通过耳目等感官而对外界事物的认识，大体相当于感性认识；而“德性之知”则是人内在所具有的不依靠感官而有的知，这或者可以说是一种理性认识，而这种理性认识是带有先验性的。由于人有“德性之知”，这种知是关乎伦理道德的认识和事物根本原理（理）的认识。因此，程颐对知特别重视，提出了“知先行后”的演说。他认为知是行的前提，先有知，然后才会照着知去行。他说：“须以知为本，知之深则行之必至，无有知之而不能行者。知而不能行，只是知得浅。饥而不食乌喙，人不蹈水火，只是知。人为不善，只为不知。”（《二程遗书》卷十五）他认为，知是根本，深刻的认知是一定能行的，没有知而不能行的，人不吃有毒的东西，因知它有毒；人不向水火走，因为水火可以让人丧生。人做坏事，就是因为他不知分别善恶。所以“知之不能行，只是未真知”。由于程颐强调知对行的作用，他认为，“非唯行难，知亦难也。《书》曰：非知之艰，行之惟艰。此故是也，然知之亦自艰”。这就是说，不仅行很难，知同样很难，所以黄宗羲说：“伊川先生已有知行合一之言。”（《宋元学案》卷七十五）我们可以说，程颐是重知的知行合一说。

朱熹继承程颐“知先行后”之说，《朱子语类》卷九：“问致知、涵养先后。曰：须先致知而后涵养。”致知是知，涵养是行。但他特别提出“知行常相须”的知行并进说。“知与行工夫，须着并进。知之愈明，则行之愈笃；行之愈笃，则知之益明。二者皆不可偏废。”（《朱子语类》卷十四）“知行常相须，如目无足不行，足无目不见。论先后，知为先；论轻重，行为重。”“致知、力行，用功不可偏。偏过一边，则一边受病。如程子云：‘涵养须用敬，进学在致知。分明自作两脚说，但只要分先后轻重。论先后，当以致知为先；论轻重，当以力行为重。”（《朱子语类》卷九）朱熹认为，知行虽有先后、轻重之分，但都不可偏废，他说：“涵养、穷索，二者不可废一，如车之两轮，如鸟之两翼。”故有谓程朱是“重知的知行合一说”。在讨论“论知之与行”的关系问题上，朱熹还认为：“方其知之，而行之未及也，则知尚浅。既亲历其域，则知之益明，非前日之意味。”知虽是行的基础与前提，但在行（实践）的过程中会加深“知”，人们会对道理更加明白起来。朱熹所以重行，则是因其把知与行的问题视为道德修养问题，所以他说：“善在那里，自家却去行他，行之久则与自家为一，为一则得之在我。未能行，善自善，我自我。”（《朱子语类》卷十三）“善在那里”是知的问题，“自家却去行他”是行的问题，是一个道德修养问题，是一个必之于事功的问题。如何成圣成贤，必得知行合一，才可以成就至善之美德。在中国儒家学说中常言“体道”（或体认天理），此或有二义：一为“以道为体”，即圣人和道认同，而“同于道”；另一则是说圣人实践道体，即依天道身体力行之，它不仅是知的问题，而且更是行的问题，这或是朱熹之所以重视行之故。盖儒家自古皆以通过自身的道德修养而实现其“治国平天下”之理想。

知行合一作为一明确的命题是由王阳明提出的，这在《传习录》中多处载有：

知之真切笃实处便是行，行之明觉精察处便是知。若行而不能明觉精察便是冥行，所以必须说个知，知而不能真切笃实便是妄想，所以必须说个行。原来只是一个工夫。凡古人说知行，皆是就一个工夫上补偏救弊说，不似今人截然分两件事做。如今说知行合一，虽亦是今时补偏救弊说，然知行体段亦本来如此。[①]

王阳明认为，能够做到明觉精察（即是说有自觉）的行就是知，这样的行才不是盲目的行；能够做到“真切笃实”（即是说真实无妄）的知就是行，这样的知才不是虚妄的知。所以说行必须和知一起来说，说知必须和行一起来说，无所谓先后。因此他的知行合一学说是为了纠正程朱的知先行后说的。关于知行合一，王阳明解释他为什么要提出知行合一，他说：“今人学问，只因知行分作两件，故有一念发动，虽是不善，然却未曾行，便不去禁止。”“我今说个知行合一，正要人晓得，一念发动处，便即是行了，发动处有不善，就将这不善的念克倒了。须要彻根彻底不使那一念不善潜伏在胸中，此是我立言

① 《传习录》：“知行原是两个字说一个工夫。这一工夫须着此两字，方说得完全无弊病。又说：若会得时，只说一个知，已自有行在，只说一个行，已自有知在。”“知不行之不可以为学，则知不行之不可以为穷理矣。知不行之不可以为穷理，则知行合一并进，而不可分为两节事。”

宗旨。”（《传习录》下）王阳明说，他之所以立知行合一学说，是为了反对把知和行分割为二。为什么不能把知和行分割为二，他有个前提就是要存善、去不善。对于一个人的道德修养说，不仅见之于日用伦常中的不善要克倒，而且潜藏于胸中的不善念头也要克倒，而且“须要彻根彻底不使那一念不善潜伏在胸中”。如果我们说，知善知恶是知，似乎在胸中而未实现在日用伦常中的善或不善的念头也应属于知或不知（知善恶或不知善恶）。但王阳明却认为善的或恶的念头就是行了。这看来似乎说不通，但从儒家的道德修养上说则有其合理性。在《论语》中有条记载：“吾日三省吾身，为人谋而不忠乎？与朋友交而不信乎？传不习乎？”（《论语·学而》）省者，反省此或可有两解：一所行之事是否合乎道义，应该时时反省；二自己心中的念头是否合乎道义，应时时反省。就前者说，是行；就后者说则是尚未见之于外的行，而似王阳明之一念之发动。《朱子语类》卷十二《持守》谓：“圣贤千言万语，只要人不失其本心。”“未有心不定而能进学者。人心万事之主，走东走西，如何了得。”“学者为学，未问真知与力行，且要收拾此心，令有个顿放处。若收敛都在义理上安顿，无许多胡思乱想，则久久自于物欲上轻，于义理上重。”此即孟子的“收其放心”。禅宗有“不是风动，不是幡动”“人者心动”之说，心动即一念发动，则有善有恶，有恶就必须克倒。人心为万事之主，心不可走东走西、不可胡思乱想；心走东走西，胡思乱想必须克倒它。照王阳明看，心的走东走西、胡思乱想，就是一念发动，这便是行，应该克倒。就这点说，把“一念发动处”看成是行，对人之道德修养应说是极有意义的，此或是自律之极致。《大学》《中庸》皆言慎独，阳明之“一念发动处便是行”和慎独应有密切之关系，《辞海》“慎独”是说：

> 中国儒家道德修养用语。指在无人察觉的闲居独处时，尤须谨重地对待自己的行为，自觉遵守道德要求。《礼记·中庸》说：“道也者，不可须臾离，可离非道也。故君子戒慎乎不睹，恐惧乎其所不闻，莫见乎隐，莫显乎微，是故君子慎其独也。”东汉郑玄注：“慎独者，慎其闲居之作为。”《大学》说：“戒于中，形于外，故君子必慎其独也。”以为慎独要“诚其意”而“毋自欺也”，从道德心理对“慎独”作了阐发。南宋朱熹则以理学的观点进行发挥。认为对待人所不知而己所独知的细微之事，君子之心应“常存敬畏”，不敢疏忽，此“所以存天理之本然而不使离于须臾之顷”，“所以遏人欲于将萌而不使其滋长于隐微之中”(《中庸章句》)，

将“慎独”作为“存天理”的重要方法。……“千古相传只慎独二字要诀，先生（指王守仁）言致良知，正指此。”（《刘子全书》卷十三《阳明传信录》）……[①]

按：此条谓慎独是“须谨重地对待自己的行为”，但慎独是否仅仅关乎行？我认为，也关乎知，因念头之不善亦应克倒。《大学》：“所谓诚意者，毋自欺也。如恶恶臭，如好好色，此之谓自谦，故君子必慎其独也。”朱熹注说：“诚其意者，自修之首也。毋者，禁止之辞。自欺云者，知为善以去恶，而心之所发，有未实也。慊，快也，足也。独者，人所不知，而己所独知之地也。言欲自修者，知为善以去其恶，则当实用其力，而禁止其自欺，使其恶恶则如恶恶臭，好善则如好好色，皆务决去而求必得之，以自快足于己，不可徒苟且以徇外而为人也。然其实与不实，盖有他人所不及知而己独知之者，故必谨之于此，以审其几焉。”朱熹这段对慎独的注可注意者有二：慎独是要求其思想和行为在别人不察知而只有自己心知肚明的情况下，也要“知为善以去其恶”“而禁止其自欺”。这就是说对善、恶的取舍应有一自觉，应自觉地“使其

① 关于慎独，在《礼记·礼运》《荀子·不苟》以及马王堆帛书《五行篇》《郭店楚简·五行》均有所论，兹不录。

恶恶则如恶恶臭，好善则如好好色”。王阳明说：“人但得好善如好好色，恶恶如恶恶臭，便是圣人。”（《传习录》）这样就可以彻底防止做出不符合道德规范的事。第二，朱熹认为，君子之心应常存敬畏，不疏忽，“所以遇人欲于将萌而不使其滋长于隐微之中”（《中庸章句》）。这就是他所说的“故必谨之于此，以审其几焉”，要防止于萌芽状态的动机。我想，这也许正是王阳明据此可以发挥成“一念发动处便是行”的原因，也就是说王阳明的这一命题应和慎独有着密切的关系。就这方面看，王阳明在知行合一问题上特别重视其道德上的意义。王阳明说：“《大学》指个真知行与人看，说如好好色，如恶恶臭。见好色属知，好好色属行，只见那好色时已自好了，不是见了后又立个心去好；闻恶臭属知，恶恶臭属行，只闻那恶臭时已自恶了，不是闻了后另立个心去恶。”（《传习录》上）于是他提出“一念发动处便是行”的论断，这就是说他提倡知行合一的目的，是要从思想上防止对道德规范的违背。

那么也许我们要问，王阳明的知行合一学说除了道德上的意义之外，是否也有认识上的意义呢？不过道德上的知行问题应是和认识上的知行问题分不开的。王阳明说：“真知即所以为行，不行不足以为知。”（《传习录》）意谓，真知应是见之于行之知，不身体力行不能被认为是真知，所以王阳明说："知之真切笃实处便是行，行之明觉精察处便是知，知行工夫，本不可离。"（《传习录·答顾东桥书》）据此他论证说："如言学孝，则必服劳奉养，躬行孝道，然后谓之学，岂徒悬空口耳讲说，而遂可以谓之学孝乎？学射必张弓挟矢，引满中的；学书则必伸纸执笔，操觚染翰。尽天下之学，无有不行而可言学者，则学之始固已即是行矣。"（《答顾东桥书》）王阳明的知行合一是把知和行看成是统一的，知必见之于行，离开了行的知不是真知，即实是不知；行必是自觉的知，这样的行才不是妄行，而是真切笃实的行。所以王阳明反对知先行后论，他强调知和行不能分离。他说："知是行的主意，行是知的功夫；知是行之始，行是知之成。若会得时，只说一个知，已自有行在；只说一个行，已自有知在。"（《传习录》上）知是行的主导，行是知的体现，知是行的开端，行是知的完成。知中有行，行中有知，两者不能分离，它是一个统一的过程。王阳明的这个知行合一学说，应说作为一种道德学说是十分有价值的，它体现着中国传统美德，即所知必须见之于行，才是做人的道理。

但是，王阳明的知行合一学说是否也存在一些问题呢？这点贺麟先生在他的《知行合一新论》（以下简称《新论》）中有所讨论。贺先生说：“王阳明之提出知行合一说，目的在为道德修养，或致良知的功夫，建立理论基础。”他又说：“不批评地研究知行问题，而直谈道德，所得必为武断的伦理学（Dogmatic Ethics）。因为道德学研究行为的准则，善的观念，若不研究与行相关的知识，与善相关的真，当然会陷于无本的独断。”为此，在《新论》中贺麟先生企图为王阳明的知行合一学说建立一知识的基础。《新论》首先利用西方哲学对概念分析的方法对知和行进行知识性的分析，他说：“知是意识活动，行是生理活动，所谓知行合一就是两种活动同时产生或同时发动。”贺先生把这种知行合一称为“自然的知行合一论”。这个知与行同时产生或同时发动虽是源自西方哲学家斯宾诺莎，而贺先生进一步解释说：“知行合一乃指与行为同一生理心理活动的两面而言。知与行既是活动的两面，当然两者是合一的。”这可以说是利用近代心理学和生理学的知识而得出的结论。所以贺先生认为，王阳明的知行合一是一种“价值的知行合一观”，它自有其德行和涵养心性方面的价值，但是这种“价值的知行合一观”应有知识论的基础，而他的“自然的知行合一论”可以包含王阳明的“价值的知行合一观”，又为其提供了合理的知识基础。

关于知行关系问题在儒家的演说中是一重要的问题，儒家所重视的经典《尚书》就讨论了这个问题，而且总的倾向是认为知必须行，所以儒家没有把这个问题看成只是一个知识的问题，而认为它从根本上说是一个道德上的身体力行的问题，是一个基于心性的修养的道德实践问题。虽然，不同的儒家思想家在论证知行关系时或者有所偏重，但总体上说都认为知和行是一统一的过程，两者不能截然分开。而王阳明的知行合一学说就其价值说应为儒家的道德修养建立了较为完整的理论基础。当然，就知行作为知识的（认识论的）问题来探讨，从中国传统哲学（特别是儒家哲学）说仍然有许多问题有待进一步研究，以使儒家的道德学说能有一更加完满的认识论基础。

论情景合一

情景合一作为一重要的美学命题，它的意思是说好的文学艺术作品是情和景结合的产物；情景合一作为一美学命题在宋元明清时期已有许多论述，特别是近代王国维的《人间词话》论之颇详。但关于美感的表述早在先秦就已经有了。孔子说："仁者乐山，智者乐水"，已接触到情、景问题。人之所乐为人之感情，所乐者或山、或水则为景矣。乐山、乐水正是人之情与山水之景会合而发生的。我们知道，孔子是一感情丰富的人，他在齐国听相传是虞舜时代的韶乐，很长的时间尝不出肉的味道，他说：想不到听音乐竟能达到这样的境界。（"子在齐闻韶，三月不知肉味，曰：不图为乐之至于斯也。"）孔子站在奔流的河边，他叹息着说：消失的时光像河水一样呀！日夜不停地流去。（"子在川上，曰：逝者如斯夫，不舍昼夜。"）这都说明孔子的触景生情，它虽表现了情景关系，但只是说外在的景可以引起内在的情的发生或变化，当然还说不上是对情景关系问题的理论论述。荀子说："乐者，乐也，人情之所必不免也，故人不能无乐。乐则必发于声音，形于动静；而人之道，声音动静，性术之变尽是矣。"第一句的前面一乐字是指音乐，后面一乐字是指人的喜乐，对于人说"喜乐之情"总是人们所要求的，所以不能没有音乐来满足人们这方面的要求。音乐必然是表现为发出的外在的声音动静；而又由于声音动静引起人心内在感情的变化，这是音乐的功能。为什么音乐有上述这方面的作用？这是由于荀子认为，"琴瑟乐心"，音乐使人快乐，在于"其清明象天，其广大象地，其俯仰周旋，有似于四时"。荀子这个看法应说很有意义，说明他注意到音乐和大自然的关系，能使人心喜乐的美好音乐应是能再现大自然的清明广大。音乐表现的大自然为景，而音乐感动人心而为情，这就是说音乐是实现情景交融、体现着情景合一的一种境界。荀子的这段论述虽说包含着情景合一的思想，但这也还不能说是对情景合一的理论表述。中国的美学或文学艺术理论真正成为一门独立的学问，成为有系统的理论体系，大体上说应该是在魏晋南北朝时期，那时不仅有表现情景合一的许多文学艺术作品，而且已经有了情景合一的理论表述。刘勰《文心雕龙·物色》说："春秋代序，阴阳惨舒，物色之动，心亦摇焉。……岁有其物，物有其容；情以物迁，辞以情发。”春与秋更迭着季节的次序，阴和阳影响着人事的哀乐，自然物的声色稍有变动，人的心情就会随之而摇荡。四时各有其物，万物各有其容；心情随物而变化，言辞依情而触发。[1]此处刘勰已接触情景关系问题，或如杨牧《陆机〈文赋〉校释》说“物色”有感于物而兴起的意思，即所谓“即物起兴”或“即境生情”。[2]其后，在钟嵘的《诗品序》中说：“气之动物，物之感人，故摇动性情，形诸舞咏。”大气使景物千变万化，景物的变化感荡着人们，激发了人的感情，而有歌舞之表现。景物和人的情感一结合就会产生文学艺术作品，钟嵘的这段话可以说是情景合一思想之滥觞。在《诗品序》中还有一段话或更好地表达了情景合一的思想：“夫四言文约意广，取效《风》《骚》，便可多得。每苦文繁而意少，故世罕习焉。五言居文辞之要，是众作之有滋味者也，故云会于流俗。岂不以指事造形，穷情写物，最为详切者耶？故诗有三义焉：一曰兴，二曰比，三曰赋。文已尽而意有余，兴也；因物喻志，比也；直书其事，寓言于物，赋也。

① 此“译语”据李蓁非《〈文心雕龙〉释译》，南昌：江西人民出版社，1997年。

② 参见杨牧：《陆机〈文赋〉校释》，台北：洪范书店，1985年。

宏斯三义，酌而用之，干之以风力，润之以丹彩，使味之者无极，闻之者动心，是诗之至也。”意思是说：四言诗文字少，含义广，只要效法《国风》《离骚》，便可写出很多作品。但在创作实践中，却往往苦于文字写得很多而含义甚少，所以很少人能够熟练地运用它。于是，五言诗便跃居主要地位，成为各类作品中最有滋味的，所以很合乎世俗所好。岂不是因为它指说事情，创造形象，畅抒感情，描写景物，最为详明而贴切吗？因之，诗有三种表现手法：一是兴，二是比，三是赋。文字已尽而余意无穷，这是兴；借助外物来喻说情志，这是比；直截了当地叙述事情，有所寄托地描写外物，这是赋。综合这三种表现手法，斟酌情况而加以运用，以风力为作品的骨干，以丹彩为作品的润饰，使欣赏者感到意味无穷，听诵者觉得动人心弦，是诗歌无上的境界了。[①]“穷情写物”，作诗必穷尽其感情来描写景物才是神品、至文，这是一境界问题，不能穷情如何能写得好景物呢！照钟嵘看，兴、比、赋虽都是用文字表现出来，但都必是“穷情写物”的。兴之用文字写，必其意不穷，无穷之意是穷情而有；不是穷尽其情的写物，不能成神品。比是要借助外物以抒发其感情，只有体外物之深而所发之

① 此处据周伟民、肖华荣《〈文赋〉〈诗品〉注译》的译文，郑州：中州古籍出版社，1985年。

感情才可尽善尽美，而有至文。赋则必须寄托其感情于景物，才能再现造化之功。因此，诗之佳作要靠诗人内在的性情涵养，以及对外在景物描写的神功，才可以动人心弦，成无上之神品。就此，我们可以说“穷情写物”正是情景合一的极好的表述。

自宋以后，在文学艺术方面讨论情景问题的渐多，初有宋代范晞文在《对床夜话》中提出诗有“景中之情”和“情中之景”之分，如杜甫之“水流心不竞，云在意俱迟”为“景中之情”；如杜甫之“卷帘唯白水，隐几亦青山”为“情中之景”。虽然有的诗在情中现景，有的诗在景中现情，但在诗的创作中情和景是不能分割的，“景无情不发，情无景不生”，故“情景相触而莫分也”。自此以后，情景关系作为一种文学艺术理论问题的论述渐渐多了起来。元方回在《瀛奎律髓》中也认为杜甫的诗如“云片天共远，永夜月同孤”是“景在情中”“情在景中”，好诗情景是融为一体的。明朝论述情景合一更为普遍、更为系统。如前后七子多言情景合一，谢榛在《四溟诗话》中说：“作诗本乎情景，孤不自成，两不相背。”诗作为一种文学艺术作品应是由情景两个方面结合而成，只有一个方面不能成其为佳作。又说：“夫情景相触而成诗，此作家之常也。”谢榛还说：“子美曰：细雨荷锄立，江猿吟翠屏。此语宛然入画，情景适会，与造物者同其妙……”谢榛的意思是说杜甫这两句诗就如造物者所造就一样奇妙，是情和景的巧妙完美的合一，真得“原天地之大美”也。所以他说：“诗乃模写情景之具，情融乎内而深且长，景耀乎外而远且大。”就诗是模写情景的一种文学艺术形式说，其情是内在于人的，景是外在于境的，合内外而有诗之作。但作成好的情景合一的诗是不容易的，谢榛说：“凡作诗要情景俱工，虽名家亦不易。”与谢榛不同派别的公安派袁中道也以情景合一立论，如他在《牡丹史序》中说：“天地间之景，与慧人才士之情，历千百年来，互竭其心力之所至，以呈工角巧意，其余无蕴矣。”情景相融的作品是千百年来文学家、艺术家用尽心思、以各种技巧所追求的，这点是毫无疑义的。

清初戏剧理论家李渔在《窥词管见》中说：“文贵高洁，诗尚清真，况于词乎？作词之料，不过情景二字。非对眼前写景，即据心上说情，说得情出，写得景明，即是好词。情景都是现在事，舍现在不求，而求诸千里之外，百世之上，是舍易求难，路头先左，安得复有好词！”李渔认为，词也和诗文一样应在高洁、清真求得。词无非是由情、景而成，无论是据“眼前之景”，还是发自“心上之情”，只要能在作品中把情景很好地表现出来，就是好词。而无论说情、写景，都是词人的当下感悟，不应有时空之隔绝，如果有时空之隔，非在当下，那么作词就走错了路，是无好词的。这里李渔着重的是说，作词离不开情景，能把当下之情景表现出来才可能是好词。而写景应是“情中之景”，说情应是“景中之情”，都和当下之感受有关，离当下之感受而求之“千里之外，百世之上”，是出不了好词的。如果说前此的诗文论者对情景合一有很多精彩论说，那么我们可以说到王夫之则使我国文学艺术情景合一的理论更为圆满。王夫之在《姜斋诗话》中说：“情景名为二，而实不可离。神于诗者，妙合无垠。巧者则有情中景，景中情”“景中生景，景中生情，故曰景者情之景，情者景之情”“情景一合，自得妙语”。王夫之认为，好的诗必是情景相融，这两方面是不能分离的。有的诗虽是写景，但其实是情在景中；有的诗虽是写情，但实是景在情中。好的诗词总是情景相融，写景而情在其中，而写情则景藏其后，所以王夫之说：“情景虽有在心在物之分，而景生情，情生景，哀乐之触，荣悴之迎，互藏其宅。”他评张治《秋郭小寺》[①]说：“龙湖（按：张治有《龙湖诗集》）高妙处，只在藏情于景。间一点入情，但就本色上露出，不分涯际，真五言之圣

① 张治《秋郭小寺》：“短发行秋郭，尘沙记旧禅。长天依片鸟，远树入孤烟。野旷寒沙外，江深细雨前。马蹄怜暮色，藤月自娟娟。”

境。‘远树入孤烟’，即孤烟藏远树也，此法创自盛唐，偶一妙耳，必融目警心时方如此耳云云，乃是情中景。”诗有藏情于景者，亦有藏景于情者，但都是情景合一的，是“孤不自成”的。在评李白《采莲曲》[①]中说：“卸开一步，取情为景。诗文至此，只存一片神光，更无形迹矣。”此说李白《采莲曲》虽写采莲女之情，而实是“取情为景”“景在情中”，真是情景交融之神笔，在《采莲曲》中情景妙合无垠，了无形迹。王夫之认为上等文学艺术作品应是“情景相入，涯际不分”。因此，他认为好的文学作品无论是表现为“情中景”“景中情”，还是“情景相入”，都是情景合一的。所以他说：“夫景以情合，情以景生。初不相离，唯意所适，截分两橛，则情不足兴，而景非其景。”朱庭珍的《筱园诗话》卷四也颇有相似说法：“律诗炼句，以情景交融为上，情景相对次之，一联皆情，一联皆景又次之。……情景交融者，景中有情，情中有景，打成一片，不可分拆。”这也是说能表现情景合一之诗文为文学艺术之上品。王夫之在对帛道猷的《陵峰采

① 李白《采莲曲》：“若耶溪边采莲女，笑隔荷花共人语。日照新妆水底明，风飘香袖空中举。岸上谁家游冶郎，三三五五映垂杨。紫骝嘶入落花去，见此踟蹰空断肠。”

药触兴为诗》[1]的评论中说："宾主历然，情景合一。升庵欲截去后四句，非也。"盖帛道猷的这首诗，前部分六句主要是写景的，后四句主要是写诗人之情的，但就全诗看是写情景合一的，如果像杨慎那样主张把后四句截去，那么这诗就不完整了，就体现不了帛道猷情景合一的用心。看来，王夫之在评论文学作品时处处都以情景合一作为标准。有清一代，讨论文学作品的情景问题的文学评论家有很多，如方东树说："诗人成词，不出情、景二端……尤在情景交融，如在目前，使人津咏不置，乃妙。"（《昭昧詹言》卷七）朱庭珍说："夫律诗千态万变，诚不外情景、虚实二端。然在大作手，则一以贯之，无情景虚实之可执也。写景，或情在景中，或情在言外。写情，或情中有景，或景从情生。断未有无情之景，无景之情也。"（《筱园诗话》卷二）施补华说："景中有情，如'柳塘春水漫，花坞夕阳迟'；情中有景，如'勋业频看镜，行藏独依楼'；情景兼到，如'水流心不竞，云在意俱迟'。"（《岘佣说诗》）这些都是从诗词方面论说情景合一，而其时还有从作画方面论说情景合一者，如清中布颜图

① 帛道猷《陵峰采药触兴为诗》："连峰数千里，修林带平津。云过远山翳，风至梗荒榛。茅茨隐不见，鸡鸣知有人。闲步践其径，处处见遗薪。始知百代下，故有上皇民。"

在《画学心法问答》中说："山水，不出笔墨、情景。情景者，境界也。古云：'境能夺人。'又曰：'笔能夺境。'终不如笔、境兼夺为上……吾故谓笔墨、情景，缺一不可，何分先后？""情景入妙，为画家最上关捩，谈何容易？宇宙之间，惟情景无穷……"绘画要在能画出真景物、真感情，合真景物、真感情而成境界，此作品体造物之妙，而成神品。故布颜图认为画之上品以"情景入妙"最为关键。

王国维把美学的情景合一论与中国的境界论联系在一起，可以说把这一美学理论提升到天人合一论的哲学高度。王国维在《文学小言》中说："文学中有二原质焉：曰情，曰景。"意思是说，构成文学作品的最根本要素是情和景，这个观点和他在《人间词话删稿》中所说"昔人论诗词，有景语，情语，不知一切景语，皆情语也"的思想是相关联的。意思是说，虽然文学有情景二原质，但景语要以情语而再现，盖情语尝寓于景语之中。这个观点在王夫之的《姜斋诗话》中也有所论说："不能作景语，又何能作情语邪？古人绝唱多景语，如'高台多悲风'……'池塘生春草'……皆是也，而情寓其中矣。"而王国维从境界论上讨论情景问题，他说："词以境界为最上，有境界则自成高格，自有名句。"何谓境界？王国维说："境非独谓景物也，喜怒哀乐，亦为人心中之一境界。

故能写真景物、真感情者，谓之有境界，否则谓无境界。”所以在王国维看境界一词，除景物外，实当亦兼指情意。叶嘉莹对此解释说：“境界之产生，全赖吾人感受之作用；境界之存在，全赖吾人感受之所及。因此，外在世界在未经吾人感受之功能予以再现时，并不得称之为境界。从此一结论看来，可见静安先生所标举之境界说，与沧浪之兴趣说及阮亭之神韵说，原来也是有着相通之处的。”（见《迦陵论词丛稿》）王国维所注重的境界是词人之境界，其要在词人能否以其感情再现天地造化之功，而成神品；而词成神品之关键则在能否情景合一，故王国维说：“‘红杏枝头春意闹’，著一‘闹’字，而境界全出。‘云破月来花弄影’，著一‘弄’字，而境界全出矣。”此“闹”、此“弄”正是他所说之“人心中之一境界”，而“红杏枝头春意闹”“云破月来花弄影”正是体现着情景合一，而为词人所得一情景合一之境界。诗词中的情景合一的境界，实是天人合一在审美意向上之表现。为什么王国维要从境界的角度来说情景合一，这正因为情景合一实是天人合一问题。如果我们以真、善、美来讨论天人合一、知行合一、情景合一问题，也许这三者都是一境界问题。①

① 参见拙作《论中国传统哲学的真善美问题》［《中国社会科学》，1984（5）］和《再论中国传统哲学的真善美问题》［《中国社会科学》，1990（3）］。

从中国传统哲学的总体上看，我们可以说情景合一和知行合一一样，都是从天人合一派生出来的。知行合一无非要求人们既要知天道、人道，又要在生活实践中行天道、人道，而人道本乎天道，所以知且行天道，也就是知且行人道了，这就是说做到知行合一就能达到天人合一之境界，故实践知行合一要以天人合一为前提。情景合一要求人们以其思想感情再现天地造化之功，如庄子所说“圣人者，原天地之大美”。人们的思想感情于再现天地造化之功，必以人与天为一体而可能。因此，知行合一、情景合一均须是人主动地与天的合一。人生活在天地之中，要做人，也要有做人的乐趣，孔子说：“知之者，不如好之者。好之者，不如乐之者”，乐山、乐水均在当下领略天地造化之功。人要能在生活中领略天地造化之伟大功力，就必须能有再现天地造化之功力，于此而表现人之创造力，人的与天地上下同流之精神境界，而使文成至，画成神品，乐成天籁。所以文学艺术的要求、美的要求应是情景合一的，在“景中生情，情中生景”，“情景一合，自得妙语”，在此文学艺术家即可达天人合一之境界，而与天地万物为一体。

天人合一是要求人在生生不息的天道变化中实现自我与天的认同，这是人对真的探求的过程，它体现着天、人之间的内在合一。知行合一要求人在生活中认知并实践天人合一，即在生活实践中体现天道、人道（即天人合一之道），这是人在修身养性、身体力行中自我完成其善的成圣成贤的路径。情是人之情，景是“原天地”而为景，情景合一是要求人在不断深化其思想感情而感受天地造化之功，“原天地之大美”，而达到情景交融美的境界。中国哲学关于真、善、美之所以可用天人合一、知行合一、情景合一来表述，这正体现着中国传统哲学以追求一种理想的人生境界为目标，而天人合一正是中国的一种在人与天地万物之间有着相即不离的内在关系的世界观和思维方式。

论普遍和谐

在人类社会进入21世纪后，我们回头看看20世纪的历史，可以发现过去的这个世纪是人类社会飞速发展的世纪，取得辉煌成就的世纪，但同时又是一充满矛盾悲惨的世纪。在这百年中间，发生了两次世界大战，死亡几千万人，大量破坏了人类多少世纪辛勤建造的文化遗产。而我们的国家，在百年中又经历了种种苦难，同时也取得了巨大的进步。今日的中国社会正在从传统走向现代，这是历史发展的要求，但在这个过程中也许不可避免地发生种种问题，例如我国社会目前存在的信仰危机、道德真空、贪污腐化、环境污染，等等，已经到了相当严重的地步，是不得不引起注意的时候了。从全世界看，现今虽然走出了冷战时代，可是人类面临的问题更多、更复杂，我们可以看到，科学技术高度发展，虽然给人类社会带来巨大的进步，但是作为自然界一部分的人，在他们征服自然的过程中，不仅掌握了大量破坏自然的工具，而且也掌握了毁灭人类自身的武器。正如1992年世界1575名科学家联合发表的一份《世界科学家对人类的警告》在开头就提到的，人类和自然正走上一条相互抵触的道路。我认为，这个观点是非常深刻的。对自然界的过量开发，资源的浪费，臭氧层变薄，海洋的毒化，环境的污染，人口的暴涨，生态平衡的破坏，不仅造成了自然和谐的破坏，而且严重地破坏了人与自然的和谐，这些已严重威胁着人类自身生存的条件。由于片面的物质利益的追求，对自然资源的争夺、占有，权力欲望的膨胀，造成了国与国、民族与民族、地域与地域之间的对立和战争。过分注重金钱和物质享受，造成了人与人之间关系的紧张、社会的冷漠、心灵的孤寂，使人们失落感日甚。在人类社会中，现在儿童有儿童的问题，青年有青年的问题，老年有老年的问题，人与人之间心灵上的隔膜，在日常生活中的互不了解甚至仇视，使人们失去了对人与人的和谐的追求，这样发展下去终将导致人类社会的瓦解。在现代社会，由于人们无止境地追求感官之享受，致使身心失调、人格分裂，由于心理不平衡引起精神失常、酗酒、杀人、自杀，等等，造成了自我身心的扭曲，已成为一种社会病，而严重影响了社会的安宁，其原因正在于忽视了人自我身心内外的和谐。在我们走进21世纪之际，人类社会如何走出人自身造成的困境，就必须解决当前所面临的和平与发展问题。这就是说，我们必须调整好人与人之间的关系，扩而大之即是要调整好民族与民族、国家与国家、地域与地域之间的关系；必须调整好人与自然的关系，保护自然环境，合理利用自然资源，以使人类社会共同发展。因此，我认为，如果人们能更加重视儒家的太和观念，对它做出适应现代社会生活的诠释，并使其落实于操作层面，应该说对今日和将来人类社会的发展是非常重要的。太和见于《周易·乾卦·彖辞》："乾道变化，各正性命，保合太和，乃利贞。"意思是说，天道的大化流行，万物各得其正，保持完满的和谐，万物就能顺利发展。王夫之在《张子正蒙注》中说："太和，和之至也。……未有形器之先，本无不和，既有形器之后，其和不失，故曰太和。"在宇宙未分化出具体事物之前，宇宙本来就是和谐的，没有什么不和谐；在宇宙分化出天地万物（包括人）之后，如果不使和谐丧失，这才叫作太和。可见太和包含着普遍和谐的意义。我认为，普遍和谐观念至少应包含几个层面才可以被称为普遍和谐，而在儒家思想中太和观念恰恰包含着：自然的和谐、人与自然的和谐、人与人的和谐（即社会生活的和谐）以及人自我身心内外的和谐四个方面，这样大体上构成了普遍和谐的观念。

首先，儒家把自然（天或天地）看成一和谐的整体。我们知道，孔子说："天何言哉？四时行焉，百物生焉，天何言哉？"天的运行是自然而然的，百物的生长也是自然而然的，这说明孔子对自然的和谐的认识。被儒家奉为经典的《周易》认为，在阴阳变化中体现了宇宙运行的规律，自然的运行是在"元"（自然界万物的起始）、"亨"（万物的生长）、"利"（万物的成熟）、"贞"（万物的完成）中进行的。在《周易》中，这种自然最完美的和谐叫作太和。以后儒家关于自然和谐的观念大体都是发挥这个思想，例如在《中庸》中认为，和（即和谐）是天下根本的道理。张载《正蒙·太和》开头说："太和所谓道。"太和就是万物之通理，故王夫之认为宇宙本来就是"合同而不相悖，浑沦无间"。这些都说明，儒家对自然和谐的重视。

其次，如果说儒家重视自然的和谐，那么可以说儒家更为重视人与自然的和谐。儒家不仅仅认为自然为一和谐之整体，而此和谐整体之宇宙又是永远在生息变化之中，也就是说它是一刚健的大流行，因此人应该体现自然（天）的这一特点而自强不息，所以《周易》中说："天行健，君子以自强不息。"这个思想的基础正是儒家的天人合一的思想。所谓天是指天道，即宇宙的规律；人是指人道，即人和人类社会的道理。孔子有一段话可以说是他追求天人合一境界的过程，他说："吾十有五而志于学，三十而立，四十而不惑，五十而知天命，六十而耳顺，七十而从心所欲不逾矩。"这就是说，在五十岁前是孔子认识天命的准备阶段，由五十岁起他对天命有了认识，六十岁可以根据宇宙的规律来辨明是非、善恶、美丑，等等，七十岁就可以做到什么都自然而然地符合宇宙规律的要求，也就是说达到了完全的天人合一的境界。要实现天人合一得靠人自身的努力。孔子说："人能弘道，非道弘人。"人的努力可以使天道发扬光大，如果人不努力，那么天道并不能使人高尚完善。孟子更进一步发展了孔子天人合一的思想，他认为只要人充分发挥其本心的作用，就可以对其由天得到的善性有深切的体会，从而也就可以对天了解了，而能达到"与天地合其德"的境界。后来的儒家虽然对天人合一的思想有所发展，但大体都是沿着孔孟的思想发展下来的。例如朱熹说：人道不能离开天道，天道也不能不由人来体现，这是因为人道开始产生时是由天道决定的，但有了人及人类社会之后，天道就要在人道中表现了，圣人的贡献就是要使人类社会完完全全地体现天道的要求，以实现天人合一。儒家这种主张天人合一、追求人与自然和谐的观念，是基于不把人和自然看成对立的，而是把人看成是自然和谐整体的一部分，而且是其中最重要的一部分。

第三，由于儒家认为，自然是和谐的，并追求着人与自然的和谐，这样就必然引发出人与人的和谐的观念。这是因为，人和人之间以及人类社会也是应体现天道的要求的。所以孔子说："礼之用，和为贵。"社会规范的作用，以和谐为最重要。孔子又说："朝闻道，夕死可矣"；又说："道不行，乘桴浮于海。"这里的道就是天道（当然也包含体现天道的人道），人应该把天道的要求实现于社会；如果人不能把天道推行于社会，不如乘木船到海上去。为什么人有可能把天道推行于社会呢？因为儒家的主流思想认为人性本善，而人之善性来源于天之至善，如果人能充分发挥其善性，而使之实践于社会，那么就能把社会变成一理想的和谐社会。因此，儒家特别强调人的道德实践对于理想的和谐社会的意义。儒家的重要经典之一《大学》首章中说："大学之道，在明明德，在亲（新）民，在止于至善。"朱熹注说："新者，革其旧之谓也。言既自明其明德，又当推以及人，使之亦有以去其旧染之污也。……言明明德、新民，皆当止于至善之地而不迁。"明明德、亲民的目的是在止于至善。所以《大学》中认为，修身、齐家、治国、平天下等等一切都以修身为本，"自天子以至于庶人，壹是皆以修身为本"。这就是说，儒家认为每个人把道德修养好了，天下就可以太平了，所以孔子说："为仁由己，其由人乎？”做到道德完美全靠自己，哪里能靠别人呢？对于这个建立在道德修养基础上的和谐社会，儒家称之为大同社会。在《礼记·礼运》中对这个大同社会有一描述：“大道之行也，天下为公。选贤与能，讲信修睦。故人不独亲其亲，不独子其子；使老有所终，壮有所用，幼有所长，矜寡孤独废疾者，皆有所养。男有分，女有归。货，恶其弃于地也，不必藏于己；力，恶其不出于身也，不必为己。是故谋闭而不兴，盗窃乱贼而不作，故外户而不闭。是谓大同。”这个和谐的大同社会的理想，当然包含着许多空想的成分，而且把和谐社会的理想完全建立在道德修养提高的基础上，也是片面的，甚至是很难做到的；但是，从儒家追求建立人与人之间的和谐关系来说，不能说是没有意义的。

第四，儒家和谐社会的理想既然是建立在个人的道德修养提高的基础上，因此儒家特别重视人自我身心内外的和谐。儒家认为，生死和富贵不是人力可以追求到的，也不应是人追求的目标，“死生有命，富贵在天”；但是人的道德和学问则是要靠人的努力来取得，“涵养须用敬，进学在致知”（伊川语）。如果一个人能做到“民胞、物与”，他就可以达到一种身心内外和谐的境界。孔子曾赞美他的弟子颜回说：“贤哉，回也！一箪食，一瓢饮，在陋巷，人不堪其忧，回也不改其乐。

贤哉，回也！”又说：“有颜回者好学，不迁怒，不贰过。不幸短命死矣。”这就是说，颜回对富贵和生死无能为力，但他却是一个有学问有道德的人，而且能在贫困中保持身心内外的和谐。孟子认为要达到天人合一就应该“存其心，养其性，以事天也。殀寿不贰，修身以俟之，所以立命也”。一个人如果能保存他的本心，修养他的善性，以实现天道之要求，短命和长寿都应无所谓，但一定要修养自己保持和天道一致，这就是安身立命了。晋朝的潘尼做了一篇《安身论》，其中有两段阐发了儒家安身立命的思想，他说：“盖崇德莫大乎安身，安身莫尚乎存正，存正莫重乎无私，无私莫深乎寡欲，是以君子安其身而后动，易其心而后语，定其交而后求，笃其志而后行”。“故寝蓬室，隐陋巷，披短褐，茹藜藿，环堵而居，易衣而出，苟存乎道，非不安也”。安身立命主要是要使自己的身心和谐、内外和谐，使自己言行符合天道的要求，至于衣、食、住、行等并不能对自己的身心发生什么重要影响，这种对待生活的态度也就是宋儒追求的“孔颜乐处”。周敦颐尝问程氏兄弟：“寻孔颜乐处，所乐何事？”宋儒对此多有所论，归结起来就是寻得一个安身立命处。朱熹在其《答张敬夫书》中与张敬夫讨论“中和义”时说：“而今而后，乃知浩浩大化之中自家自有个安宅，正是自家安身立命，主宰知觉处。”可见儒家所强调的正是由道德学养的提升，以求身心内外之和谐。

由以上四个方面，我们可以看出，由自然的和谐、人和自然的和谐、人与人的和谐、人自我身心内外的和谐所构成的普遍和谐观念，是儒家的重要思想。本文虽然是从自然的和谐开始论述，但儒家关于和谐的观念是把自我身心内外的和谐作为起点的。儒家是由通过道德修养达到自身的和谐而推广到人与人的和谐，人类社会和谐了，才能很好地处理人和自然的关系；人与自然的关系处理好了，才能不破坏自然的和谐。正如《中庸》第二十二章中所说："唯天下至诚，为能尽其性；能尽其性，则能尽人之性；能尽人之性，则能尽物之性；能尽物之性，则可以赞天地之化育；可以赞天地之化育，则可以与天地参矣。"故而儒家关于和谐的路向是：由自身之安身立命，而至推己及人，再至民胞物与，而达到保合太和而与天地参。儒家这一关于和谐观念的路向，当然也并非十分完善，盖因过分强调了道德修养的意义，容易走上泛道德主义。但普遍和谐观念作为一种观念说，无疑它对现代社会是有其正面的价值的。如果我们扬弃其中可能导致的缺点方面，并给以现代意义的解释和发挥，并通过各种可行之途径，使之落实于操作层面，我认为它将会对今日人类社会的发展提供一有积极意义的经验，以匡正今日社会所发生的种种弊病。

论内在超越

一个民族的哲学有它的源起，就像一个民族的文化有它的源起一样。但是，一个民族的哲学的源起又和一个民族的文化的源起不同，一个民族的文化从有这个民族就有这个民族的文化，然而并不是有了这个民族就有了这个民族的哲学。有些民族很可能一直处于没有创造出它自身的哲学学说的阶段，甚至可以在这个民族还没有自己的民族哲学时就完全衰落以至于灭亡了或者完全接受其他民族的哲学而继续存在着。中华民族是一个包含着许多民族的广泛名称，这个民族从野蛮进入文明时期至少有四五千年了，但是这个民族的哲学特别是形成较为完整体系的哲学应是产生在春秋战国时期。

在春秋末期，中国产生几个伟大的哲学家，孔子、老子、墨子，等等。照说老子是早于孔子，但《老子》这部书又是形成于战国时期，因此把孔子看成中国最早的一个真正哲学家也许是可以的。在现存的《论语》一书中包含着许多长期影响着中国哲学发展的哲学问题。我认为其中有一个很重要的问题就是关于超越性和内在性的问题。照我看这个问题应是一个真的哲学问题，有了真的哲学问题才可能有为解决这个问题的哲学理论体系。

在《论语》中记载了子贡的一句话：“夫子之言性与天道，不可得而闻也。”①这句话非常重要，因为它是一个真正的哲学问题，为什么孔子的天道与性命的问题不可得而闻呢？这就是因为所谓天道的问题是个宇宙人生的超越性的问题，而所谓性命的问题则是一个宇宙人生的内在性的问题，这两个问题本来都是形而上的哲学问题，照中国哲学的说法它是超言绝象的。超言绝象自然不可说，说了别人也不懂，所以子贡才说了上面引用的那句话。那么超越性的天道如何去把握，内在性的性命如何去体证，这两者的关系究竟如何，就成了中国哲学的重要课题。儒家从孔孟一直到程朱陆王，他们的哲学大体上都是在解决或说明这两个相互联系的问题。儒家哲学是如此，中国传统哲学的另一大系道家何尝不是如此。《老子道德经》五千言所言道、德，所谓道是一超越性的本体，而所谓德则是

① 性与天道的问题即是天人关系问题，请参见《论天人合一》。

指得之于道的内在性，当然庄子更是如此了。关于道家不是本文讨论的范围，我将在另一篇文章《论老庄哲学中的超越性和内在性问题》中阐述，这里就不去讨论了。

儒家哲学中的超越性和内在性指什么，当然可以有各种各样的解释，但据上引子贡的那句话看，所谓内在性应是指人的本性，即人之所以为人者的内在精神，如仁，如神明等；所谓超越性应是指宇宙存在的根据或宇宙本体，即存在之所以存在者，如天道、天理、太极等。而儒家哲学的超越性和内在性是统一的，或者说是在不断论证着这两者是统一的，这样就形成了内在的超越性或超越的内在性的问题。内在的超越性或超越的内在性就成为儒家哲学天人合一的思想基础，是儒家所追求的一理想境界，也是儒家之所以为儒家的精神所在。我这样说，正是因为子贡把孔子关于性命与天道问题同时提出来，所以这两个问题实为一个问题的两面。

子贡说："夫子之文章，可得而闻也。夫子之言性与天道，不可得而闻也。"其实《论语》一书所讲的许多都是和天道、性命有关的问题，大概子贡还没有真正了解孔子和孔子哲学。孔子说："古之学者为己，今之学者为人。"这句话非常重要，为己之学应是一内在性问题，即做人应发挥其内在的精神来实现其自我完善；为人之学是表现在外的，它带有很大的功利性。荀子说："古之学者为己，今之学者为人。君子之学也，以美其身；小人之学也，以为禽犊。"（《荀子·劝学》，杨倞注："禽犊，馈献之物。"）《论语集注》："程子曰：为己欲得之于己也，为人欲见知于人也。"可见为己之学是一种内在精神的体现，它可以不受外在环境的影响，所以孔子说："为仁由己，而由人乎哉？"孔子常称赞他的弟子颜回说："贤哉，回也！一箪食，一瓢饮，在陋巷，人不堪其忧，回也不改其乐。贤哉，回也！"这是说的一种内在的精神境界，它可以不受客观条件的影响。这种为己之学不仅是内在的，而且是超越的。照孔子看，为己之学就是尧舜之道，他说："唯天为大，唯尧则之。"所以尧舜的精神是神圣的、永恒的，因此也是超越的。但儒家思想中的超越性并非不与世事，并非外在于世间的，而是超世间又即世间的。孔子说："朝闻道，夕死可矣。"道是超越的，但闻道的人可以为道而舍弃一切，这正是一种内在的超越精神，是可以做到的。也许最能代表孔子的内在的超越精神应该是他说的他实现其为己之学的过程，他说："吾十有五而志于学，三十而立，四十而不惑，五十而知天命，六十而耳顺，七十而从心所欲不逾矩。""知天命"是知天道之超越性，故仍以天为知的对象；"六十而耳顺"，朱熹注说："声入心通，无所违逆，知之之至，不思而得。”“知之之至”是说知达到了顶点而至于不思而得的境界，此乃是发挥其内在性的体现。郭象《庄子序》中说庄周虽“可谓知本”，但仅仅是达到“应而非会”的境地，所以庄子只是把道看成是知的对象，而还达不到与天道会合的地步，孔子至六十而可与天道会合了。至“从心所欲不逾矩”则达到了完全的内在的超越境界了，或者说这就是儒家哲学所体现的内在的超越精神所在。天道不仅是超越的，而且是内在的，因此它本身就是内在超越的，人性同样不仅是内在的，而且是超越的，因此它本身也是内在超越的。由此可见，我们说孔子的哲学是中国传统哲学的源头，从这方面看也许不为过。

当然本来在孔子思想中也有若干外在超越的因素，不过这方面没有得到发挥。例如孔子说：“君子有三畏：畏天命，畏大人，畏圣人之言。”此处的“畏天命”实是把天看成一种外在的超越力量。但是我们从《论语》中可以看到，在孔子思想中这种以外在超越形式出现的天多半是以一种情绪化的语言表达出来的，没有多少理论上的意义，如他说：“获罪于天，无所祷也”“天生德于予，桓魋其如予何？”“不怨天，不尤人，下学而上达，知我者其天乎！”据《论语》记载：“颜渊死，子曰：噫，天丧予，天丧予！”“子见南子，子路不说。

夫子矢之曰：予所否者，天厌之！天厌之！”如此等等。从这些情绪化的言语中，我们可以看出孔子并非认真地把天看成是对人有绝对影响的外在的超越力量。当然孔子思想中还有所谓命的问题，最典型的就是“死生有命，富贵在天”这句话了。所谓“死生有命”无非是说生和死是一客观存在的事实，人是无能为力的；而“富贵在天”，此天可以理解为天生如此，这正是当时中国社会的宗法等级制度的体现。因此，我们说孔子思想的基本方面是一种以伦理道德为基础的人生哲学或人文思想，而非一种典型意义的宗教，只能说他的思想带有某种宗教性。总之，孔子哲学是以内在超越为特征的。

继孔子之后有孟子，孟子充分发挥了孔子哲学中内在性的思想，他说：“尽其心者，知其性也；知其性，则知天矣。”这表现了孟子由知人的内在性而推向知天之超越性。照孟子看，人人都有“恻隐之心”“羞恶之心”“辞让之心”“是非之心”，此四端为人之内在所具有的，发挥它就可以达到仁、义、礼、智等人之本性，这是天所赋予的，而天是至高无上的，故为超越性的。所以孟子又说：“存其心，养其性，所以事天也。”又说：“莫之为而为者天也，莫之致而至者命也。”非人力所能做成的是天，非人力所能达到的是命。盖天命是一超越的力量。这里或者可能产生一个问题，是否可以说孟子认为有一个外在超越性的天？我想也许并非如此。我们知道，古希腊哲学有这样的问题。在柏拉图和亚里士多德那里大体上是把世界二分为超越的理想世界与现实的世界。其后基督教更是如此，有一外在的超越性的上帝。在孟子哲学中至少这个问题没有那么突出。照孟子看，天虽然是超越的，但并非与人对立而外在于人，这点我们可以从以下两方面来看：第一，孟子把天道和人道看成是统一的，他说："诚身有道，不明乎善，不诚其身矣。是故诚者，天之道也；思诚者，人之道也。至诚而不动者，未之有也；不诚，未有能动者也。"使自己完成诚的方法首先要明白什么是善，所以诚虽然是"天之道"，但追求诚则是"人之道"，能实现"诚"就能动天地。这里的关键在"明于善"，善乃天道和人道之本，朱熹说："天理乃至善之表德"，盖此之谓也。第二，由《万章上》"万章曰：尧以天下与舜有诸"一节可见，孟子引《泰誓》"天视自我民视，天听自我民听"以说明超越性的天并不脱离现实性的人，此可谓超越性寓于现实性之中。而民之所以接受舜，是在于他们都有一内在的善性，所以归根到底天道的超越性与人性的内在性是统一的。因此，天道与人性均为内在超越的。孟子的哲学也是一种以内在超越为特征的思想体系。

《易经》的《系辞》长期以来虽有以为是先秦道家思想之

发展，但我认为从总体上看仍当属儒家，至少以后的儒家多发挥《系辞》以建立和完善其形而上学体系，故《系辞》仍应属儒家哲学系统。《系辞》中说：“一阴一阳之谓道，继之者善也，成之者性也。仁者见之谓之仁，知者见之谓之知，百姓日用而不知，故君子之道鲜矣。”此说天道变化深不可测，故仁者见仁，智者见智。虽深不可测，但“顺继此道，则为善也；成之在人，则为性也”（程子语）。它仍为人性之内在根据。盖人性从道而来，所以从根本上说它是善的。由此天道之超越性而推之人性之内在性（善）。《系辞》又说：“形而上者谓之道，形而下者谓之器，化而裁之谓之变，推而行之谓之通，举而错之天下之民谓之事业。”这里的道就是“一阴一阳之谓道”的道，把道和器相对用形上、形下提出，就更肯定了道的超越性。《易经》系统可以说建构了一种宇宙存在的模式，它“范围天地之化而不过，曲成万物而不遗”，所以它是超时空的，是天地的准则，“易与天地准，故能弥纶天地之道”。这就是说，易的系统中的形而上的原则和自然社会的原则是一一相当的，所以它包罗了天地之道，任何事物都不能离开道，都不能违背道。因此，照我看《易传》哲学和孟子哲学相比，它是由天道的超越性推向人性的内在性，而不是像孟子那样由人性的内在性推向天道的超越性。但两者都认为，天道的超越性和人性的内在性从根本上说是统一的，是不能分开的，所以《易传》仍是一以内在超越为特征的思想体系。

宋明理学是儒家思想发展的第二期，从根本上说它是在更深一层次上解决着孔子关于性与天道的问题，从而使儒家哲学内在超越性的特点更加系统和理论化了。程朱的“性即理”和陆王的“心即理”，虽入手处不同，但所要解决的问题仍是一个。程朱是由天理的超越性而推向人性的内在性，陆王则由人性的内在性而推向天理的超越性，以证“性即理”或“心即理”，而发展了儒家哲学内在超越性的特征。

如果说先秦的儒家大体上是求证天道的超越性和人性的内在性是一致的，那么到宋明理学中天理和人性都表现为内在超越性，而成为同一问题的两面了。因此，在宋明理学中说超越性即是说内在的超越性，说内在性即是说超越的内在性，这样中国儒家哲学的特征就更为突出了。

程朱的“性即理”的理论是建立在“天人非二”的基础上的，程颐说：“天有是理，圣人循而行之，所谓道也”，故“道一也，未有尽人而不尽天地也，以天人为二，非也”。天理不仅是超越的，而且是内在的，这是因为它不仅是一超越的客观标准，“所以阴阳者道”“所以开阖者道”；而且是一内在的精神主体，“穷理、尽性、至命，只是一事”“性即理也，所谓理，性是也。天下之理，原其所至，未有不善。”程颐又说：“在天为命，在义为理，在人为性，主于身为心，其实一也。”这就是说，存在于人的理就是心性，心性与天理是一个。天理似是客观的精神，心性似是主观的精神，其实客观的精神与主观的精神只是一个内在的超越精神。朱熹虽认为天理从原则上说是可以先于天地万物而存在的，如说：“未有天地之先，毕竟也只是理。有此理，便有此天地。若无此理，便亦无天地，无人，无物，都无该载了。”但是，天理并不外在于人、物，故朱熹说：“理却无情意，无计度，无造作，只此气凝聚处，理便在其中。”所以天理虽为超越性的，必落实在人、物之中，故天理并非外在超越性的，而为内在超越性的。朱熹又说：“性只是理，万理之总名。此理亦只是天地间公共之理，禀得来，便为我所有。”钱穆《朱子新学案》中说：“此是说天理禀赋在人物为性”，所以“性即理”。朱熹更进一步认为：“心、性、理，拈着一个，则都贯穿。”这就是说：从心、从性、从理无论哪一说，都可以把其他二者贯通起来，这是因为“性便是心之所有之理”“心便是理之所会之地”。心、性、理从根本上说实无可分，理在性而不离心，所以天理既为内在超越的，人性亦为内在超越的，是一而非二。

“心即理”是陆象山的根本命题，他在《与李宰书》中说："人皆有是心，心皆具是理，心即理也。"心何以是理？他证论说："心，一心也；理，一理也。至当归一，精义无二，此心此理，实不容有二。"这就是说，人人的心只是一个心，宇宙的理只是一个理，从最根本处就只是一个东西，不可能把心与理分开，所以心就是理。那么什么是心？陆象山所谓的心又叫本心，他解释本心说："恻隐，仁之端也；羞恶，义之端也；辞让，礼之端也；是非，智之端也，此即是本心。"本心即内在的善性。本心不仅是内在的善性，而且是超越的本体。照象山的弟子看，象山之学是"道德、性命、形上的"，所以如此，盖因象山以"人心至灵，此理至明，人皆有是心，心皆具是理"。因此，本心并不受时空的限制，"万物森然于方寸之间，满心而发，充塞宇宙，无非此理"。心既是内在的又是超越的，故理也既是内在的又是超越的。

王阳明继象山之后，倡"心外无理"，此当亦基于其以心为内在而超越的，理亦为内在而超越的，如他说："心即理也，此心无私欲之蔽，即是天理，不须外面添一分。"人之为人如不被私欲所蒙蔽，即可充分发挥其内在的本性（良知）而达到超越境界，这是不需要任何外在力量所强制的。盖儒家学说无非教人如何"成圣成贤"，即寻个所谓"孔颜乐处"。照王阳明看，如果人能致其良知，则可达到圣人的境界，他说："自己良知原与圣人一般，若体认得良知明白，即圣人气象不在圣人而在我矣。""体认得良知"即可超越自我而与圣人同，所以他说："良知是造化的精灵，这些精灵，生天生地，成鬼成帝，皆从此出，真是与物无对，人若得他完完全全，无少亏欠，自不觉手舞足蹈，不知天地间更有何乐可代。"充分发挥良知、良能即是圣人，即入天地境界（借用冯友兰先生《新原人》用语），此天地境界是既世间又超世间的。如何达到此超越的天地境界，照王阳明看，盖因"知（按：指良知）是心之本体，心自然会知，见父母自然知孝，见兄自然知弟，见孺子入井自然知恻隐，此便是良知，不假外求"。良知是人之所以为人者的内在本质，不是由外在力量给予的。因此必须靠自己的力量来使之充分发挥作用，这样才能达到圣人悟道的超越境界，阳明说："道之全体，圣人亦难与人语，须是学者自修自悟。"（以上王阳明语均见《传习录》）可见王阳明的"心外无理"，其心为内在而超越的，故其理亦为内在而超越的，其哲学体系也是以内在超越为特征的。

总上，程朱与陆王学说入手处虽不同，然其所要论证者均为天道与性命是合一的，是以内在超越为特征的哲学体系。

据以上所说，我们或可得出以下结论：

一、儒家哲学是一种以内在超越为特征的思想体系，这一思想体系对中国社会影响甚巨。盖因儒家哲学虽也提倡礼的外在的规范作用，但它从来就认为礼这种外在规范必须以内在的道德修养或内在的本心的作用为基础，孔子说："人而不仁，如礼何？"即此意也。《大学》首章中说："物格而后知至，知至而后意诚，意诚而后心正，心正而后身修，身修而后家齐，家齐而后国治，国治而后天下平。自天子以至于庶人，壹是皆以修身为本，其本乱而末治者否矣。"照儒家看，修养为一切之根本，社会之兴衰治乱均以道德之兴废为转移。为什么儒家特别强调人的内在的心性修养，我想这很可能和中国古代社会是以亲亲的宗法为基础的社会，一切社会关系都是从亲亲的宗法关系推演出来的，《论语》载有子说："孝弟也者，其为仁之本与。"儒家所要求维护的人际关系从根本上说是要用道德来维系的，而主要不是由政治法律制度来维系，因而在中国长期的专制社会里儒家思想往往表现着某种泛道德主义的倾向，它往往把政治道德化，也把道德政治化，维系社会主要靠人治，而不是靠法治。因此，我们是否可以说，一种以内在超越为特征的哲学思想体系是不利于建立维系社会的客观有效的政治法律制度的。但它却对维系人际关系、进行道德教化有着重要的意义。

二、四百年前西方的一位传教士利玛窦曾经评论过儒家学说之得失，他说过不少赞美儒家道德学说的话，但他同时提出："吾窃贵邦儒者，病正在此常言明德之修，而不知人意易疲，不能自勉而修；又不知瞻仰天主，以祈慈父之祐，成德者所以鲜见。"（引自《天主实义》）如上所述，儒家哲学与西方哲学与宗教很不相同，古希腊哲学在柏拉图、亚里士多德那里大体上把世界二分为超越的理想世界与现实世界，其后基督教更要有一个外在超越性的上帝，而儒家哲学则是以内在超越为特征的。利玛窦认为，仅仅靠人们自身的内在道德修养是很难达到完满的超越境界的，必须有一至高无上的外在的超越力量来推动，因此要有对上帝的信仰。这里我们不想来评论中西哲学的高下，中西哲学自各有其自身的价值，都是人类文化中的宝贵财富。但西方社会为什么比较容易建立起客观有效的政治法律制度，我认为不能说和西方哲学与基督教无关。

三、如果说宋明理学是儒学在中国的第二期发展，那么儒家思想可不可能有第三期发展呢？20世纪20年代后，中国一些学者提倡儒学，这是在中国传统哲学受到西方思想的冲击后，又是在人类社会走向科学与民主的时代背景下，他们希望找到儒家在现代社会中的价值所在。对这些学者所继承和发挥或建立现代的儒学是否可以视为第三期儒家姑不论，因为这个问题太大，太难做出判断。我只是想说，儒家如果可以有第三期发展，就必须解决两个问题：即能否由此以内在超越为特征的内圣之学开出适应现代民主社会要求的外王之道来；能否由此以内在超越为基础的心性之学开出科学的认识论体系来，照我看也许困难很大。因为以内在超越为基础的天道性命之学基本上是一种泛道德主义，它把道德性的善作为天道性命的根本内容，过分地强调人自身的觉悟的功能和人的主观精神和人的内在善性，要求人由其内在的自觉性约束自己。这样的结果可以导致圣王的观念，以为靠圣王就可以把天下治理好。但人并不能仅仅靠其内在的善性就自觉，多数人是很难使其内在的超越性得到充分发挥的，所以为己之学只是一种理想，只能是为少数人设计的。而且实际上也不可能有什么圣王，而往往造就了王圣，即以其在王（最高统治者）的地位就自己认为或被别人推崇是有最高道德和最高智慧的圣人，这样势必造成不重法治而重人治的局面。当然我无意否认这一为己之学对人类文化的贡献，更无意否定以内在超越为特征的哲学的特殊价值，因为它终究是人类的一个美好理想。但是，我们面对现实社会，是否也应要求一种外在超越的哲学呢？我想也是必需的。对于人类社会来说，要求有一种外在超越的力量来约束人，例如相信外在超越力量的宗教和西方哲学中外在的超现实世界的理论，以及与这种宗教、哲学相适应的政治法律制度，这套政治法律制度的哲学基础也是根据其外在超越性的。如果以内在超越为特征的中国传统哲学能充分吸收并融合以外在超越为特征的宗教和哲学以及以此为基础的政治法律制度，使中国传统哲学能在一更高的基础上自我完善，也许它才可以适应现代社会发展的要求。我认为，这个问题也许应是可以认真讨论的一个问题。

论内圣外王

从现存史料看，内圣外王的思想最早见于《庄子·天下》：

天下之治方术者多矣，皆以其有为不可加矣。古之所谓道术者，果恶乎在？曰："无乎不在。"曰："神何由降？明何由出？""圣有所生，王有所成，皆原于一。"……其在于《诗》《书》《礼》《乐》者，邹鲁之士，缙绅先生，多能明之。……其数散于天下而设于中国者，百家之学时或称而道之。天下大乱，贤圣不明，道德不一，天下多得一察焉以自好。譬如耳目鼻口，皆有所明，不能相通，犹百家众技也，皆有所长，时有所用。虽然，不该不遍，一曲之士也。判天地之美，析万物之理，察古人之全，寡能备于天地之美，称神明之容。是故内圣外王之道，暗而不明，郁而不发，天下之人各为其所欲焉以自为方。悲夫，百家往而不反，必不合矣！后世之学者，不幸不见天地之纯，古人之大体，道术将为天下裂。

照《天下》所说，“内圣外王之道”本是天下之治道术者共同的追求，但到了春秋战国时各家各派都提出他们治天下的学说，因百家纷争，道术不行，天下大乱，而使“内圣外王之道”暗而不明、郁而不发，这对天下是大不幸。当时，儒、道、墨、名、法、阴阳等家各有各的治天下之术，都说自己的学说是圣王之道。儒家作为自觉继承夏、商、周三代文化的继承者，自有着他们的“内圣外王之道”。《荀子·解蔽》中在批评了各家之后，为圣王下了一定义：“圣也者，尽伦者也；王也者，尽制者也。两尽者，足以为天下极矣。”故学者当以圣王为师。（梁启雄《荀子简释》谓：“伦，谓人伦，即人生哲学；制，谓制度，即政治哲学。”）我们或者可以说，圣者是尽其为做人道理的精神导师；王者是尽其礼乐规仪的践行者，而兼尽伦、尽制于一身者才是圣王。先秦儒家都把尧、舜、禹、汤、文、武等，看成是圣王，他们行的就是“内圣外王之道”，如孔子说：“大哉！尧之为君也，巍巍乎！唯天为大，唯尧则之。荡荡乎，民无能名焉。巍巍乎其有成功也，焕乎其有文章。”（《泰伯》）孔子认为，天是最高伟大的，尧真的了不起，能以天为榜样治世，他对老百姓的恩惠真是广博，他对天下的功绩真是太崇高，他制定的礼仪制度真是完美。《论语·雍也》中记载：“子贡曰：如有博施于民而能济众何如？可谓仁乎？子曰：何事于仁，必也圣乎！尧舜其犹病诸。”仁者可以做到“己欲立而立人，己欲达而达人”，但如无王位，也很难做到“博施于民而能济众”的圣王。《孟子》中圣王一词少见，仅《滕文公下》用圣王一词：“圣王不作，诸侯放恣，处士横议”，从“公都子曰：外人皆称夫子好辩”一节看，孟子认为只有尧、舜、禹、汤、文、武、周公等可称圣王。又如《公孙丑下》：“（齐宣王）见孟子，问曰：周公何人也？曰：古圣人也。”《离娄下》说：“文王生于岐周……西夷之人也……得志行乎中国，若合符节，先圣后圣，其揆一也。”孟子“祖述尧舜，宪章文武”，皆以尧舜、文武为圣王。但孟子讲的圣人含义较广，兼尽伦、尽制者可以是圣人，但人伦之至者为君、为臣，皆可称圣人。不过，照孟子看孔子虽无王位[①]，但他却是自古以来最伟大的圣人（参见《公孙丑上》第二节“何谓知言？”后之一段）。《荀子》中“圣王”则多见，即是指尧、舜、禹、汤、文武、周公等的兼尽伦、尽制者，但有时用圣人

① 《墨子·公孟篇》：“公孟子谓子墨子曰：昔者圣王之列也，上圣立为天子，其次立为卿、大夫。今孔子博于《诗》《书》，察于礼、乐，详于万物。若使孔子当圣王，则岂不以孔子为天子哉？”这就是说像孔子那样具有圣王品德的人，岂不就是说他应该当天子吗？

一词也是指圣王，如《儒效》中所说圣人也有指文武者。此不必细论。在《尧问》中，荀子弟子尝歌颂他们的老师“德若尧禹，世少知之”“其知至明，循道正行，足以为纪纲。呜呼！贤哉！宜为帝王”。但是，荀子所处之世“奈何！天下不治，孙卿不遇时也”。可见内圣外王之观念在先秦已经相当流行。从中国历史上看，所幸的是孔子和荀子都没有成为帝王，否则中国历史上就没有伟大思想家孔子和荀子了。

对所谓儒家的“内圣外王之道”，我们应该如何看？自汉以后，儒家学者多推崇“内圣外王之道”，直至近世许多重要学者（哲学家）也认为“内圣外王之道”是中国传统思想精神之所在，例如梁启超说：“内圣外王之道一语包举中国学术之全体，其旨归在于内足以资修养而外足以经世。”（见《论语考释》中的《庄子天下篇释义》）熊十力在《读经示要》中据《大学》首章而对“内圣外王之道”亦有一解。他根据《大学》以修身为本，以格物、致知、正心、诚意为内圣功夫，齐家、治国、平天下为外王功夫，接着他说：“君子尊其身，而内外交修，格、致、正、诚，内修之目也。齐、治、平，外修之目也。国家天下，皆吾一身，故齐、治、平皆修身之事。小人不知其身之大无外也，则私其七尺以为身，而内外交修之功，皆所废而不讲，圣学亡，人道熄矣。”梁启超和熊十力都认为内圣与外王是统一的，可以由内圣而外王，而有一完满的“内圣外王之道”的政治哲学理论。特别是熊十力据《大学》论格、致、正、诚、齐、治、平壹皆是以修身为本，而得出内圣必可外王的理论。这能否成为我国进入近现代的治国之根本理念，似乎是可以讨论的。冯友兰写了一本书叫《新原道》，这本书的名字又名《中国哲学之精神》，在此书的绪论中说：“在中国哲学中，无论哪一家哪一派，都以为是讲‘内圣外王之道’”；在其“新统”一章最后说：“所以圣人，专凭其是圣人，最宜于做王。如果圣人最宜于做王，而哲学所讲的又是使人成为圣人之道，所以哲学所讲的就是内圣外王之道。”因此，在冯友兰新理学体系中，其《新世训》的最后一章应帝王中，其最后一句说：“欲为完全的领袖者，必都需以圣王为其理想之标准。”这就是说，圣人最宜于做帝王。（这一观念大概是儒家的一贯之道。《孟子·公孙丑上》：“宰我曰：以予观于夫子，贤于尧舜远矣。”上引《荀子·尧问》中说：荀子“德若尧禹”，“宜为帝王”。）看来，梁启超、熊十力、冯友兰都试图揭示儒家哲学精神之所在，而且我认为他们也确实抓住了儒家哲学之精神（参见拙作之《论知行合一》）。但是，儒家的“内圣外王之道”作为一种理想或有其价值，但作为一种政治哲学理论是否也有可议之处？

我们反观中国历史，儒家曾把上古尧、舜、禹、汤、文、武、周公说成是圣王，他们行的是“内圣外王之道”，这大概是儒家对上古这些帝王的理想化，是否真是如此，难以考察。但自秦汉以降，儒家学者虽大力倡“内圣外王之道”，而至今并无儒家所理想的圣王出现，这是为什么？我想，也许正是儒家的“内圣外王之道”只是他们的一种理论追求，而在历史上并无实现的可能性，圣人也不一定最宜于做王，因古往今来的社会并未有此可实现之条件。儒家理想的圣人可以是帝王师，并不一定要做帝王，也许君、师分工更为理想。

儒家学说虽不可能都有益于今日中国之社会，但我们应为它的价值在今日中国社会中找个适当的价值。我认为，儒家的内圣之学无疑对今日社会（不仅中国，而且对当今之人类社会）有其特殊之价值；而“内圣外王之道”或可产生某种与现代社会不适应处。为说明这个问题，我将引后面两段话来说明我的看法：一段是《论语·为政》中记载孔子对他自己一生的描述，另一段是《大学》首章之一段。

> 《论语·为政》：“吾十有五而志于学，三十而立，四十而不惑，五十而知天命，六十而耳顺，七十而从心所欲不逾矩。”

《大学》："古之欲明明德于天下者，先治其国；欲治其国者，先齐其家；欲齐其家者，先修其身；欲修其身者，先正其心；欲正其心者，先诚其意；欲诚其意者，先致其知；致知在格物。物格而后知至，知至而后意诚，意诚而后心正，心正而后身修，身修而后家齐，家齐而后国治，国治而后天下平。自天子以至于庶人，壹是皆以修身为本，其本乱而末治者否矣。"

我认为这两段话有不同的意义，前者为一种道德哲学或人生境界学说；后者为一套政治哲学或者说是社会政治理论。个人的人生境界是关乎个人的道德学问的提升问题，而社会政治理论则必须有一套合理的客观有效的制度。前者是如何成圣成贤，超凡入圣的问题；后者是企图把圣人造就成圣王，而由圣王来实现社会政治理想，这就是儒家的"内圣外王之道"。

但是，照我看，靠个人的道德学问的提升，求得一个个人的"孔颜乐处"或者可能；但是光靠着个人的道德学问的提高，把一切社会政治问题都寄托在修身上，寄托在某个或某几个圣王的身上，是不可能使社会政治成为合理的客观有效的理想社会政治的。

孔子说的"十有五而志于学"一段可以说总结他个人一

生为学修身的过程，或者这是儒家的超凡入圣的人生途径。从“十有五而志于学”到“四十而不惑”是孔子追求成圣成贤的准备阶段，从“五十而知天命”到“七十而从心所欲不逾矩”是他成圣的深化过程。“知天命”可以说是对于天命（宇宙人生之必然）有一种了解，这或者属于知识的问题，或者说是一追求真的人生境界吧！“六十而耳顺”，照朱熹解释说：“声入心通，无所违逆，知之之至，不思而得。”我们可以把“知之之至”解释为超于“知天命”的阶段，它是一种“不思而得”的境界。这种“不思而得”的境界大概就是一种直观的审美的境界，超于经验的直觉意象，因此它是属于美的境界。我们知道孔子在音乐上有很高的修养，他“在齐闻韶，三月不知肉味”，这真是“不思而得”的极高审美境界了。孔子对他所达到的这种境界说：“不图为乐之至于斯也。”想不到听韶乐竟能达到这样美妙的境地。“七十而从心所欲不逾矩”，朱熹注说：“矩，法度之器，所以为方者也。随其心之所欲而自不过于法度，安而行之，不勉而中。”一切所作所为都是自自然然、自由自在，没有一点勉强而都完全合乎天道之要求。我看，这无疑是至善的境界了。孔子一生所追求的就是真、善、美合一的人生最高境界，这正如他所说的“知之者，不如好之者。好之者，不如乐之者”了。到了“乐之者”的境界就是完满实现了超凡入圣的天人合一境界了。我们说儒家追求的人生境界或者圣人观还可以从孔子另外的话得到证明，《论语·宪问》中说：“古之学者为己，今之学者为人。”荀子解释说：“古之学者为己，今之学者为人。君子之学也，以美其身；小人之学也，以为禽犊。”（《劝学》，杨倞注：禽犊，馈献之物。）《论语集注》：“程子曰：为己欲得之于己也，为人欲见知于人也。”[①]“为人之学”只是为了摆摆样子，做给别人看；而“为己之学”才是真正为提高自我的道德学问而达到理想人生境界之路。“为己之学”要靠自己，它不受外界之影响，如颜回之“一箪食，一瓢饮，在陋巷，人不堪其忧，回也不改其乐”。所以孔子说：“为仁由己，而由人乎哉？”境界有高低，它全靠自己的努力，所以它是主观上的。孔子曾说：“君子道者三，我无能焉：仁者不忧，智者不惑，勇者不惧。”子贡说：“夫子自道也。”孔子这里所谓的仁、智、勇都是可以由自己努力追求的，所以它是一种人生境界，而且是一种极高的人生境界，是圣人的境界。冯友兰在他的《新原人》中把人生的境界分为四种：自然境界、功利境界、道德境界和天地境界，这种对人生

① 《新序》：“齐王问墨子曰：古之学者为己，今之学者为人，如何？对曰：古之学者得一善言以附其身，今之学者得一善言务以悦人。”

境界的分法是否合理，姑且不论，但他对境界的解说颇为可取。冯先生说：“人对宇宙人生的觉解的程度，可有不同。因此，宇宙人生，对人的意义，亦有所不同。人对宇宙人生在某种程度上所有的觉解，因此，宇宙人生对于人所有的某种不同的意义，即构成人所有的某种境界。”“世界是同此世界，人生是同此人生，但其对于个人的意义，则可有不同。”这就是说，所谓境界就是人对宇宙人生的一种觉悟和了解，这当然是从人的主观上说的，它只关乎个人的道德学问的修养。中国哲学的大师们从他们主观上说往往都是在追求着一种极高的境界，孔孟是这样，老庄也是这样（例如老子的“同于道”，庄子的“天地与我为一”，等等）；王弼、郭象是这样，程朱陆王也是这样。宋儒张载的《西铭》之所以受到历代学者重视和普遍赞誉，我认为它的价值主要是他这篇文章的开头和结尾几句：“民，吾同胞；物，吾与也”；“存，吾顺事；没，吾宁也”。“民，吾同胞；物，吾与也”是他主观上的追求；“存，吾顺事；没，吾宁也”则表现了他个人的高尚人格。至于他的《西铭》中的那些治世理想则或是脱离实际的理想，或是少有根据的论说。

个人的道德学问和社会的理想、政治的事务虽说不是完全无关系，但它们毕竟是两个问题。如果把“内圣外王之道”理解为，一个道德高尚、学识渊博的人，在适当的客观条件下更可以实现其历史使命和社会责任，并努力去实现其理想，这也许是有意义的。但是，从现代社会来看也没有必要都去学而优则仕，有道德有学问的人可以是不治而议的，做一个现代公民社会中有批判精神的知识分子；也可以是远离世事而一心为学术而学术、为艺术而艺术，不必都趋向中心，也可以走向边缘，而做边缘人。因此，内圣可以与外王结合，但也可以不结合，也就是说内圣不必外王，内圣外王之道只有其有限的意义，它不应也不可能作为今日中国哲学之精神。

如果我们从传统的一般意义上来了解“内圣外王之道”在理论上的弊病，那就更为明显了。《大学》把修、齐、治、平归结为“壹是皆以修身为本”，作为一种政治哲学理论那就十分可疑。因为身之修由个人的努力可提高其道德学问的境界，而国之治、天下之太平，那就不仅仅是靠个人的道德学问了。盖因国家、天下之事不是由什么个人的修身可解决的。如果企图靠个人的道德修养解决一切社会政治问题，那么无疑会走上泛道德主义的歧途，致使中国社会长期是人治的社会，而法治很难在中国实现。

人类社会是一个复杂的统一体，它至少要由多方面共同运作才可以维持，即经济、政治和道德以及科学技术等（当然还有其他方面，现暂不论）。在一个社会中，这些方面虽然有联系，但它们绝不是一回事，没有从属关系，故不能混同，要求用道德解决一切问题，包揽一切，不仅经济、政治等社会功能要受到破坏，而且道德自身也将不能起到它应起的作用。由于中国传统哲学把“内圣外王之道”作为一追求目标，因此就造成了道德政治化和政治道德化，前者使道德屈从于政治，后者使道德美化了政治，在中国历史上造成了道统、学统成为治统（政统）的附庸，使圣学失去了应有的光彩，使道德失去了作为社会良心的地位。在中国历史上，实际没有出现过儒家所塑造的那样的圣王，所出现的大都是有了帝王之位而自居为圣王的王圣，或者为其臣下所吹捧起来的假圣王。我们难道没有看到，在中国古往今来的社会中，有不少占有最高统治地位的帝王，他们自以为是圣王，别人也吹捧他们为圣王，而使中国社会几乎沦于崩溃的边缘吗？同时，我们也可以看到，正是由于孔子或荀子没有成为帝王，这样才使中国历史上有他们这样伟大的哲王。照我看，帝王不宜也不可能当圣人，因此根本不能有圣王。当了帝王，那么我们就没有哲王，从而也就没有哲学了。所以，道德教化与政治法律虽有某种联系，但它们毕竟是维系社会的两套，不能用一套代替另外一套。因此，王圣（以有王位而自居为圣人，或别人推尊之为圣人）是不可取的，圣王也是做不到的，“内圣外王之道”作为一种政治哲学理论也就不是什么完满的理论。人类社会或说较为合理的社会，至少应由道德教化与政治法律两个系统来维系，特别是现代社会。西方社会虽然有很多问题，但还比较稳定。之所以能如此，我认为大体上是由于有体现道德教化的基督教和一套比较完善的政治法律制度。这点应为我们所重视。我们不必也不能把合理健康的社会的建设寄托在一个所谓的圣王上。

如果我们抛开“内圣外王之道”在中国的历史和现实中所可能产生的弊病，仅从其中所可能引发出来的内在价值看，也许对现代社会还是有一定意义的。从传统的儒家思想看有着把“内圣外王之道”理解为内在的道德学养必见之于外在的日用伦常事功上，这应该说是有价值的。我们考察中国历史上的先哲们，排除他们对所谓圣王的幻想，实在是多以“道德学养必见之于日用伦常事功上”为其立身行事之目标。在一定意义上说，孔孟荀是如此，程朱陆王也是如此。张载的四句教“为天地立心，为生民立命，为往圣继绝学，为万世开太平”，也许正是“内圣外王之道”所具有之精神。张载的这四句，它既体现了儒家的天人合一的思想，盖“为生民立命”就是“为天地立心”；它又体现了知行合一的思想，圣学必须落实到“为万世开太平”。因此，我们排除儒家所讲的“内圣外王之道”

在历史和现实中产生的某些弊病，给它以适应现代社会的新的诠释，揭示其中可能包含的有意义的内核，也许对我国建设和谐社会有不可忽视的人文价值。我想，“内圣外王之道”至少有三个方面可以批判继承：一、圣和王在理论上说应是统一的，不是圣就不应做王；不是王也难以行圣人之道。这是由于在中国历史上已经塑造了尧舜这样的圣王，有了圣、王统一的榜样，这样的理想社会的蓝图就深深地根植在中国人的心中，形成了一种牢不可破的民族理想信念。这个信念很可能对现实的当政者起某些警示作用。二、只有在实践中才可以实现圣人的社会理想，而实现圣人的社会理想在一定程度上也要依赖于王（圣王）。这就是说，“内圣外王之道”体现着一种实践理性。盖儒家哲学不仅仅是一种认识世界的理论，而且是一种见之于实践的理论。我国历代大儒无不以天下为己任，所以儒家传统往往以实践高于理论，孔子说：“吾岂匏瓜也哉？焉能系而不食？”（《论语·阳货》）荀子说：“不闻不若闻之，闻之不若见之，见之不若知之，知之不若行之。学至于行之而止矣。行之，明也；明之为圣人。”（《荀子·儒效》）王阳明说：“知是行之始，行是知之成。”又说：“真知即所以为行，不行不足以为知。”（《传习录》）中国的这个传统或与西方不同，它强调的更在于行（实践），人生所追求的要见之于事功，不能治国平天下的不能算作圣王。但是理想社会决不是仅仅靠王（圣王）就可以实现的，还要靠合理的行之有效的政治法律制度和人民的自觉力量，特别是当人类社会进入现代化时代，社会的治乱兴衰则更是要靠合理的行之有效的制度和广大人民的自觉选择。三、冯友兰说：“所以圣人，专凭其是圣人，最宜于做王。”这样的看法在先秦已有过，如孔子弟子宰我说，“夫子贤于尧舜”，又如前引荀子弟子说他们的老师荀子“贤哉！宜为帝王”。看来，“内圣外王之道”所重在圣，即把德性修养放在治国平天下之首位，这自是儒家哲学之特点。基于此，中国尝被称为礼义之邦。但是，治国平天下重圣（人治）必须和重制（法治）找到恰当之平衡，如果仅仅把和谐社会的建设寄托在人治上，而无政治法律制度的保证，和谐社会将会落空。儒家的“内圣外王之道”虽不能说是一种十全十美的政治哲学理论，但在今日世风日下的情况下，重申道德修养之重要，是我们应该重视的。

中国哲学理论体系中的普遍和谐观念，可以说是中国传统哲学的宇宙人生论，内在超越问题可以说是它的境界修养论；“内圣外王之道”可以说是它的政治教化论。中国传统哲学的这套理论，无疑曾对人类文化做出过重要贡献，它作为一不间断延续了几千年的文化传统也必将对今后人类的文化做出其应有的贡献。如果要使它对人类文化继续起积极的作用，我认为，一方面我们应适应现代化的要求，来使中国传统文化在当今的全球意识下得到发展；另一方面我们也应看到中国传统文化作为一种哲学体系存在的缺陷，并充分吸收其他国家、民族文化的长处，使中国文化更加完善。但是，我们也必须注意到，任何哲学体系都会存在一些它自身不能解决的问题，而且应视这为正常的现象。因此，我们不能希望有一种哲学体系一劳永逸地把所有宇宙人生的问题都解决。如果哪一哲学体系自认为它可以解决一切宇宙人生的问题，是放之四海而皆准的绝对真理，那么我想，这种哲学很可能是一种与真理相悖的无意义的教条。这就是我对中国传统哲学的哲学思考，我也只是认为它是一条思考的路子，它绝不是唯一的路子，也不一定是较好的路子。不过如果我们能从多条路子来思考中国传统哲学的价值和存在的问题，总是一件有益的事。

论道始于情

一、论“道始于情”

郭店楚简《性自命出》是战国中期（公元前300年）的一篇儒家典籍，其中有这样几句：“道始于情，情生于性”，“性自命出”，“命自天降”。把这几句话联系起来分析，我们将看到性情问题在先秦儒家那里十分重要。我们可以这样解释这几句话：人道（社会的道理、做人的道理）是由于人们之间存在着情感开始而有的；人的喜怒哀乐之情是由人性中生发出来的；人性是由天所给予的（人性得之于天之所命）；天命是天所表现的必然性和目的性。从这几句话可见，道始于情是先秦儒家思想中一个十分重要的命题。说“道始于情”而不说“道生于情”是有道理的，因人道是由人之情开始而有，但并非人道均由情生，盖人道亦可生于理性，或由学习而生，故《性自命出》中说：“知情者能出之，知义者能入之。”通达人情者能发挥人的感情，掌握礼义者能调节人的感情，因而礼义也和情息息相关，离不开人所具有的感情的表现。

这里可以讨论的问题很多，我们先讨论以下三个问题：

（一）“道始于情”的道是指人道，不是指总括天道和人道的道；更不是指老子所说的常道，因本篇中说：“唯人道为可道也”。“可道”非常道，非不可道之道，故这里的道，不是老子所说的“先天地生”的道。所以篇中尝谓：“礼作于情”，（郭店楚简《语丛一》有：“礼因人之情而为之。”《语丛二》有：“情生于性，礼生于情。”）礼自属于人道范围。因此，“道始于情”不是道家的学说，而是儒家的思想（下面我们将对此作出论证）。这种系于情的礼正是维系社会人与人之间礼仪等的基础。但此始于情的道，并不限于仅指礼，仁、义、礼、智、信等等均属之，如说“始者近情，终者近义”（《性自命出》），“仁生于人，义生于道”（《语丛一》，此处的道自然也是人道），但从儒家看，人道本于天道，故有天人合一的思想。

（二）情指七情（喜、怒、哀、惧、爱、恶、欲）或六情（喜、怒、哀、乐、好、恶）或五情（喜、怒、哀、乐、怨）。但《性自命出》篇有“喜怒哀悲之气，性也”；“好恶，性也”。这涉及性与情的关系问题。《荀子·天论》中说：“好恶喜怒哀乐臧焉，夫是谓之天情。”臧者藏也，好恶喜怒哀乐是内在于人的天生的情感，情是内在于人的天性所有，感物而动，而发之于外，是表现出来的人的感情。所以了解情与性的关系对于理解儒家思想非常重要（这个问题下面将专门讨论）。

（三）儒家的天是何义？儒家的天实有种种含义，且因不同的大儒（如孟子、荀子等等）而有不同的含义。但我认为中国古代（特别是儒家）的天除了有自然之一义外，还更可解释为超越于万物（当然也超越于人）的支配力量或规范之理则，因而天就有神圣义、主宰义、道德义等。而天命则是说这种支配万物的力量是天所具有的一种必然的力量（“命虽是恁地说，然亦兼付与而言。”——《朱子语类》卷六十二），这样解释天和天命应该说是一种有意义的诠释。此非本文所要讨论之问题，故在此存而不论（当另文讨论之）。

二、先秦古籍中之性

《性自命出》中说：“道始于情，情生于性。”讨论情的问题，不能不对先秦诸儒有关性的问题的讨论有所了解。

傅斯年先生在《性命古训辨证》中说：“统计之结果，识得独立之性字为先秦遗文所无，先秦遗文中皆以生字为之。生于生字之含义，在《金》《书》中，并无后人所谓性之一义，而皆属生之本意。后人所谓性者，其字义自《论语》始有之，然犹去生之本意为近。至孟子，此一新义始充分发展。”[①]《论语》中性字仅两见：“子贡曰：……夫子之言性与天道，不可得而闻也”（《论语·公冶长》）；“子曰：性相近也，习相远也”（《论语·阳货》）。然《论语》中这两条应该说颇为重要。“夫子之言性与天道”中之性可以理解为指人之性，因而这句话可以说是关乎人与天关系的问题。天人关系问题是《周易》讨论的重点，深奥难测，故孔子没有和他的学生讨论过这个问题，所以子贡说：“不可得而闻也。”但是，子贡说：“夫子之言性与天道，不可得而闻也”，可见当时已有性和天道的问题，否则子贡就不会这样说了。这个问

① 《性命古训辨证》第二卷，湖南教育出版社，2003年9月，第510页。

题，我已在《论天人合一》中有所讨论，在此不赘述。但此处所说之性或仅为人之“与生俱有者”之义。王弼于此注性谓：“性者，人之所受以生也。”只是说性是人先天所具有的。“子曰：性相近也，习相远也”，这里孔子同样并未对性做进一步说明，也就是说未对性的性质作出说明，只是说人的本性就先天而言大体上是一样的，而在后天则因习染而有所不同。这在郭店楚简《性自命出》中也有类似的说法：“四海之内其性一也”，与“性相近”相似；“其用心各异，教使之然也”，与“习相远”相近。郭店楚简《成之闻之》中说：“圣人之性与中人之性，其生而未有非志。次于而也，则犹是也。”李零在《郭店楚简校读记》中对这句话的解释说：“原文是说，圣人与中材之人在人性上是相似的，他们生下来都没有什么坏心眼，中材以下的人也是一样。”这也和孔子所说的“性相近也”相似。《吕氏春秋·本生》中说：“始生之者，天也。养成之者，人也。”这可以说和孔子的“性相近也，习相远也”相类似。这是说，人之始生所具有的是天给予的，即人之性是天生如此的，后天之养成者是由人所为。这种看法，在先秦应说是普遍的看法。例如，告子说：“生之谓性”（《孟子·告子上》）；《荀子·性恶》：“凡性者，天之就也”；都是认为性为天生。《礼记·乐记》：“人生而静，天之性也。”而孟子虽言性善，也是认为性是天生，这可从其论良知、良能得知。所有这些都是说性是天生的。这点先秦诸儒或并无不同。

由于郭店楚简的出土，对先秦儒家有关人性（性情）问题的材料可以说非常丰富，这对我们了解先秦诸儒对性的种种看法大有帮助。在前面我们已经引用了郭店楚简说明先秦儒家论人性，均有人性为天生所具有者之义，此义当与孔子之“性相近也”有关；而在郭店楚简中说到人性为先天所具有者的地方则更多。

郭店楚简《性自命出》中说：“凡人虽有性，心无定志，待物而后作，待悦而后行，待习而后定。喜怒哀悲之气，性也。及其见于外，则物取之也。……好恶，性也。所好所恶，物也。善不善，性也。所善所不善，势也。”（《上博战国楚竹书》“凡人虽有性”作“凡人虽有生”，以生说性，此亦可见生为性之意，即性为天生者）这段话可以说包含着以下几种意思：

（一）性是指人之本性、自然之性，它有喜怒哀悲等等的倾向。也就是说，它可以表现为喜怒哀悲等等之情。

（二）性是人之所以为人之本性（内在本质），心是与性相联系的人所具有的能动者，而物是外在于人的、可以为人所感知的客体。心之活动与物相接触，而人之内在之本性可发动为喜怒哀悲等等。这里所涉及的性、心、物的关系模式可以说是儒家心性学说的一种基本架构。

（三）人之性既可通过心的活动，由外物的作用而表现为喜怒哀悲种种感情（情）之流露，也可以表现为对外物的好、恶之意向，还可以表现为对善、不善的取舍之势。

由以上三点来看，《性自命出》中对性的分析已经相当细微，但是似乎尚未明确提到性的规定性，也就是说还没有涉及人的本性是善、是恶等等问题。而“善不善，性也。所善所不善，势也”，也只是说性由于取舍之势的不同可以表现为善或者不善，还没有说明性之性质。在《语丛二》中“情生于性”“欲生于性”“爱生于性”“子生于性”“喜生于性”“恶生于性”等等11条，都是讨论与性有关的各种情[1]，也还没有涉及性本身的性质问题。因此，我有一个推测，关于性的性质的善恶问题，大概是在告子、孟子时才有的。

黄晖《论衡校释·本性篇》注“刘子政曰：性，生而然者也”句谓：“告子曰：生之谓性。《荀子·正名》篇曰：生之所以然谓之性。《中庸》曰：天命之谓性。《王制》疏引《孝经说》曰：性者，生之质。义与子政并同，定性之质，众说同

---

① 李零在《郭店楚简校读记》中《名数·语丛二》“余论”中说：“第一章……其中十一组是讲与性有关的各种情，……”

归；其质若何，所见纷矣。”（晋袁准《才性论》谓：“性言其质，才各其用。”魏晋人认为，由于人之性的不同，因此才能也就不同。）王充《论衡·本性篇》分先秦至汉儒家论性有五家：世硕等言“人性有善有恶”；孟子言“人性皆善；及其不善，物乱之也”；告子言“人［性］无分于善恶”；荀子以为“人性恶，其善者伪也”；董仲舒谓“性生于阳，情生于阴”，汉儒多以此立论。此已涉及性情问题，将于下节讨论。章炳麟《辩性》上篇谓：“儒者言性有五家：无善无不善是告子也。善，是孟子也。恶，孙卿也。善恶混，是杨子也。善恶以人异，殊上中下，是漆雕开、世硕、公孙尼、王充也。”此与王充所说大体相同，但也有小异。据此，我们可知，自孔子以后关于性的善恶问题可以说是儒家讨论的一个中心问题。虽然儒家都认为性是“生而然者”，但对性的性质的看法则有不同，“定性之质，众说同归；其质若何，所见纷矣。”（黄晖《论衡校释·本性篇》）（按：自先秦以来儒家讨论的主要哲学问题就是性与天道的问题。）

三、先秦儒家重情之根据

中国古代社会是一个以家族为中心的宗法社会，因此亲情是维系家族的基础，由此推而广之也是维系整个社会的基础。先秦儒家学说就是以此开展开来的，所以道始于情作为先秦儒家思想的基本命题，特别是伦理思想的核心命题应是能成立的。

在《论语》中，没有记载孔子直接讨论情的言论，但从他的为人行事都可看出他是十分重情的，例“颜渊死，子哭之恸”（《先进》）；“子在齐闻韶，三月不知肉味。曰：不图为乐之至于斯也”（《述而》）。然而先秦儒家重情的根据，则是基于孔子的思想，“樊迟问仁。子曰：爱人。”（郭店楚简《语丛三》：“爱，仁也。”）为什么孔子把爱人看成仁的基本内涵呢？《中庸》里引用了孔子的一句话：“仁者，人也，亲亲为大。”[①]仁作为人的基本品德不是凭空产生的，它是从爱自己的亲人出发的。[②]这就是说，亲情是人最基本的感情，有了爱自己亲人的感情，才会推己及人，才可能做到“老吾老以及人之老”“幼吾幼以及人之幼”。要做到推己及人并不容易，得把“己所不欲，勿施于人”“己欲立而立人，己欲

① 孟子曰：“亲亲，仁也。”（《孟子·告子下》）《国语·晋语》：“为仁者，爱亲之谓仁。”

② 《韩非子·五蠹》：“人之性情，莫先于父母，皆见爱而未必治也。”按：这句话说明，韩非子认为对父母爱的感情不一定对治理国家有利，但人的感情首先表现在对父母的爱上。可见法家也认为，对父母的感情是一切感情的基础。

达而达人”的忠恕之道作为准则。[1]把以亲情作为基础的仁爱精神推广到全社会，使全社会都归向于仁，这是孔子的理想。他说：“克己复礼曰仁，一日克己复礼，天下归仁焉。为仁由己，而由人乎？”对“克己复礼”的解释，往往把克己与复礼看成是平行相对的两个方面，我认为这不是对“克己复礼”最好的解释。所谓“克己复礼”应理解为，只有在克己基础上的复礼，才叫作仁。仁是发自人自身内在的品德，礼是规范人的行为的外在的礼仪制度，它的作用是为了调节人与人之间的关系，使之和谐相处，“礼之用，和为贵”。要人们自觉遵守礼仪制度，这才符合仁，所以孔子说：“为仁由己，而由人乎？”对仁与礼的关系，孔子有非常明确的说法：“人而不仁如礼何？人而不仁如乐何？”这种把爱人作为基础的仁学，不能不影响到孟子，所以他也说：“亲亲，仁也。”在《孟子》中，我们也找不到直接讨论情的论述。但孟子的四端，特别是恻隐之心，虽说是人性之发端，但实也是人情之内涵。[2]孟子

① 《论语·里仁》：“子曰：参乎，吾道一以贯之。曾子曰：唯。子出。门人问曰：何谓也？曾子曰：夫子之道，忠恕而已矣。”朱熹注谓：尽己之谓忠，推己之谓恕。此见孔子将以亲情为基础的忠恕之道作为他为人的一贯之道。

② 《朱子语类》说：“性中只有仁义礼智，发之则为恻隐、辞逊、是非，乃性之情也。”（中华书局，1986年，第1册，第92页）

对人之所以有恻隐之心的论证说："人乍见孺子将入于井，皆有怵惕恻隐之心，非所以内交于孺子之父母也；非所以要誉于乡党朋友也；非恶其声而然也。"（《孟子·公孙丑下》）看见小孩将落入井中会自然出手救助，此出于恻隐之心，亦即人之内在之情感，非为任何功利之目的。我们在郭店楚简中也可以看到孔子这一思想发展之脉络。《语丛三》："爱，仁也"；《语丛三》："爱生于性"；《唐虞之道》谓："孝之放，爱天下之民。"对父母的爱的扩大，是爱天下的老百姓的基础。《五行》中说："亲而笃之，爱也；爱父其继爱人，仁也。"亲情的发挥，就是爱；爱自己的父母，进而爱别人这才叫作完全的仁。那么人为什么会有爱人的感情呢？这就是因为"情生于性"。《语丛二》中也说："情生于性，礼生于情。"《语丛一》："礼因人之情而为之。"人的情感是由人的内在本性生发出来的；维系人与人之间的礼义是基于人有爱人的情感。礼是人道的内容之一。据上所论，我们可以说先秦儒家的伦理学说是建立在以家族亲情扩而广之的孔子仁学基础上的。道始于情应是孔子仁学十分有意义的内容，故我们可以说它是对孔子爱人的重要诠释。

四、论情生于性

在先秦古籍中讨论性与情关系的地方很多，如《荀子·正名》中说："性之好恶喜怒哀乐谓之情。"这是说人性中的好恶喜怒哀乐叫作情。但在先秦典籍中性和情的含义所指，或者尚有未明确分开者。故《性自命出》中有"恶怒哀悲之气，性也"（此处之气或指人之血气，《语丛一》谓："凡有血气者，皆有喜有怒，有慎有壮"），"好恶，性也"之言。在郭店楚简《语丛二》中几乎把人的一切感情、欲望都认为是"生于性"，如说"爱生于性""欲生于性""恶生于性""喜生于性，等等，这都说明人性可以有种种感情表现的。这就是说有性即有情，人不可无情。这种情况，在《荀子》中也有类似之处，如谓"今人之性生而有好利者"云云，此亦即言性有好恶也。我认为，这或与在先秦典籍中有情性或性情连用有关。如《礼记·乐记》："先王本之情性"；《荀子·性恶》："若夫目好色，耳好声，口好味，心好利，骨体肤理好愉佚，是皆生于人之情性"；《荀子·儒效》："纵性情不足问学"；等等。这里的情性或性情似均指性和性之发用。但荀子可以说已经认识性与情有所分别，如《荀子·天论》中说："好恶喜怒哀乐臧焉，夫是谓之天情。"这里的天情实指天性所内在具有的情感（即谓“性之好恶喜怒哀乐之情”）。“好恶喜怒哀乐”等情感是藏于人性之内的，这即与《礼记·乐记》中所说的“人生而静，天之性也；感物而动，性之欲也”，是同样的思维模式。“性之欲”之欲即情（董仲舒答武帝策问中说：“情者，人之欲也。”见《汉书·董仲舒传》。陈立《白虎通疏证》亦谓：“性之欲，情也”，见《性情》“六情也，何谓也”之注）。从这里看，性静情动之说或为先秦儒家通行之说法（至少可以说是先秦儒家重要看法之一），故《性自命出》谓：“喜悦怒哀悲之气，性也。及其见于外，物取之也”，又曰：“凡动性者，物也”，正是由物（外在的东西）的刺激藏于内的人性发挥出来就表现为各种各样的感情（或欲望），这正是“人生而静，天之性也；感物而动，性之欲也”的另一种表述。性静情动之论，最形象的表述或为《礼记正义》引贺玚（贺玚事迹见《梁书》卷四十八《贺玚传》）的话：“性之与情，犹波之与水，静时是水，动则是波；静时是性，动则是情。”这就是说，人的性是人的内在本质，情是性感物而动的情感的流露。故《中庸疏》谓：“喜怒哀乐之未发谓之中，发而皆中节谓之和。中也者，天下之大本也。和也者，天下之达道也。致中和，天地位焉，万物育焉。”由人之性感物而动发出来的情感应合乎道理，合理则有利于万物的生长，“生成得理故万物齐养育焉”（《礼记正义·中庸疏》）。同疏又谓：“‘和也者，天下之达道’者，情欲虽发而能和合，道理可通达流行。”简而言之，情的发动应是以情合理（此问题将于下节概“辩情、欲”讨论）。未发为性，已发为情，我们可以把它概括为性静情动说。但此未发、已发之论为宋明儒学所讨论之重要形上问题，此非本文所当论者，故存而不论了。

五、辩情、欲

七情六欲之说古已有之，《礼记·礼运》：“何谓人情？喜、怒、哀、惧、爱、恶、欲七者弗学而能。”此处之欲或即下所说的“饮食男女，人之大欲”之欲，是说饮食男女是人性自然的要求，所以告子说：“食色，性也。”[①]实际上先秦儒家论性情者有多派，王充在《论衡·本性》中提到的就有五派，而所言五派可以说都是对孔子“性相近”的发挥。在《本性》中王充只讲六情，如曰：“情有好恶喜怒哀乐”，而没有把欲列于情之中。六情之说早在先秦已有，

① 《礼记·礼运》：“饮食男女，人之大欲。”

如《左传·昭公二十五年》云："民有好恶、喜怒、哀乐，行于六气"（《礼记·礼运》"圣人所以治七情"《疏》引《左传·昭公二十五年》文为："天有六气，在人为六情，谓喜怒、哀乐、好恶"）；《庄子·庚桑楚》："恶欲喜怒哀乐六者，累德也"（此六者中有欲，欲当为好之意）。荀子亦多言六情（见前引文）（汉《白虎通义·性情》亦言六情）。六欲之说，最初或见于《吕氏春秋·贵生》，文谓："所谓全生者，六欲皆得其宜者。"汉高诱注："六欲，生、死、耳、目、口、鼻也。"此处所言六欲当指人的耳目口鼻等等的欲望，且对合宜的欲望是加以肯定的。但在《吕氏春秋·情欲》中说："耳之欲五声，目之欲五色，口之欲五味，情也。"这就是说，在先秦典籍中大概还没有把情和欲分开来看，或者把欲看成是情的一种表现，因此常常出现"情欲"连用的情形，如《礼记·中庸疏》："情欲未发，是人性本初"[①]；《荀子·正论》："……人之情欲是已"（由于荀子的性恶是基于人具有欲望立论的，如谓："今人之性，……生而有耳目之欲，有好声色焉，故淫乱而礼义文理亡矣。"故荀子性恶可以说以情为恶也）；《庄子·天下》："以情欲寡浅为内。"但

① 见《十三经注疏》中《礼记·中庸》"中也者，天下之大本也"疏。又，《广雅·释诂》："情，静也。"

这三处情欲所指并不相同，《中庸疏》的情欲实指情，其善其恶视其是否能与性和合；荀子主性恶，故认为情欲为恶，如《正名》中说："养其欲而纵其情……如此者虽封侯称君，其与夫盗无以异"；庄子则否定欲，而肯定顺自然之情的情，如他说："无欲而天下足"，但却认为神人"致命尽情"（成玄英疏谓："穷性命之致，尽生化之情，故寄天地之间未尝不逍遥快乐"），故人之"情莫若率"，率者率真也。因此在《庄子》中"性情"常连用（如谓"性情不离，安用礼乐"），甚至在《庄子》中有时所说的性（或真性），也包括情（或真情），例如《马蹄》中说："马，蹄可以践霜雪，毛可以御风寒，龁草饮水，翘足而陆，此马之真性也。""马之真性"即马之真情。由于有"情欲"连用以说情，又有以情欲为恶者，故秦汉以来又有性善情恶之说。汉董仲舒以阴阳论善恶，《春秋繁露·阳尊阴卑》："恶之属尽为阴，善之属尽为阳。"故认为性有善有恶，而性为仁[①]，性中之恶者为情，情为贪，《深察名号》中说："天两有阴阳之施，身亦有贪仁之性。……安得不损其欲而辍其性以应天？"（《说文》之"心部"谓："性，人之阳气，性善者也。情，人之

① 董仲舒又有性三品说，此当别论，见《春秋繁露·深察名号》《春秋繁露·实性》。

阴气，有欲者也。”《大戴礼·子张问入官》云：“达诸民之情”，注谓：“情谓喜怒爱恶之属，情者人之欲。”又云：“不可不知民之性”，注谓：“性为仁义礼智之等，性者生之质。”）《白虎通义·性情》引《钩命决》曰：“情生于阴，欲以时念也。性生于阳，以就理也。阳气者仁，阴气者贪，故情有利欲，性有仁也。”《论衡·禀初》：“性生于阳，情生于阴。”这种性善情恶的思想在汉朝颇为流行。此性善情恶之说不同于先秦儒家之主流的性静情动之说。情动说对情未发动之先给以一个价值判断，它可善，亦可不善，须视其是否合理（或礼），故不害圣人有情之观点，孔子为圣人，但却有情。但到魏晋有圣人有情、无情之辩论（圣人无情说或源于《老子》之“天道无亲”）。何劭《王弼传》中说：“何晏以为圣人无喜怒哀乐，其论甚精，钟会等述之。弼与不同，以为圣人茂于人者神明也，同于人者五情也。神明茂，故能体冲和以通无；五情同，故不能无哀乐以应物。然则圣人之情，应物而无累于物者也。今以其无累，便谓不复应物，失之多矣。”（《三国志·魏志》卷二十八《钟会传》注引）何晏以为圣人纯乎天道，未尝有情，但一般人有情，故其喜怒哀乐尝违理任情。而王弼认为，圣人和一般人一样有五情，他和一般人的不同不在于有无情感，而在于圣人“智慧自备”“自然已足”（神明茂），故“颜子之量，孔父之所预在，然遇之不能无乐，丧之不能无哀。又常狭斯人，以为未能以情从理者也，而今乃知自然之不可革”（《王弼传》）。这就是说，即使像孔子这样的圣人虽然对颜回的情况完全了解，但在遇见颜回时，也不能抑制自己的快乐；当颜回死时，也不能免除悲痛。有人（指荀融）认为孔子这样仍是没有能“以情从理”，王弼批评说，这是他不了解圣人和一般人一样，人所具有的自然的感情是不能免除的。这就是说圣人有情，但可以“以情从理”。可见何晏受两汉之性善情恶观点之影响，而又上承老庄之无欲说（但未如庄子那样把情与欲分开来看），而王弼已融先秦儒家《中庸》等性静情动说也。然如上所论，庄子并不主张无情，而只主张无欲。故对情与欲之意义不可不辨。我看，情与欲实应有所分别。情与欲虽均由性感物而动而生，喜怒哀乐等虽见之于外，但情并不包含占有的意思；而欲则包含着占有或取得的意思①，抑或有情的放纵的意思。（王弼《论语释疑》注“性相近也，习相远也”谓：“不性其情，焉能久行其

① 《左传·桓公六年》：“今民馁而君逞欲。”此处之欲即情欲，有占有或取得义。《左传·昭公十年》：子皮尽用其幣。归，谓子曰：“……《书》曰：‘欲败度，纵败礼’，我之谓矣。夫子知度与礼，我实纵欲，而不能自克也。”

正？此是情之正也；若心好流荡失真，此是情之邪也。若以情近性，故性其情。情近性者，何妨有欲！若逐欲迁，故云远也；若欲而不迁，故曰近。”）

因此，我们可以说，情感与情欲不同，情感是性之自然流露之要求，情欲（欲）则往往出于私心所追求而欲取得之。虽情感与情欲有所不同，但并不意谓情欲应废。但在先秦典籍中，对情（情感）和欲（情欲）并未作明确分疏，情或欲本身都不能说是善是恶，而要看它们是否合理（礼）。故汉儒的性善情恶之说，影响后来各朝各代的儒学大师甚巨，如唐李翱《复性书》中说："人之所以为圣人者，性也；人之惑其性者，情也。"至宋有所谓理欲之辨，而倡"存天理，灭人欲"。但此人欲是指人之私（欲），它和人之情（感）不同。情是从性中流露出来者（"性中只有仁义礼智，发之则为恻隐、辞逊、是非，乃性之情也"）。性原无不善，但为什么会有不善呢？此迁于物而然。朱熹说："性无不善，心所发为情，或有不善。……心之本体本无不善者，情之迁于物而然也。"[①]由人之本性中流露出来的情，因受到物的影响，如果你要求不合理（礼）地追求、占有，就会成为不善了。这

① 《朱子语类》卷一，中华书局，1986年，第92页。

种不合理（礼）的追求、占有就成为欲（私欲），所以朱熹提出“存天理，灭人欲”。而朱熹（甚至主要的宋明理学家）并没有否定情的意思。但此人欲常常是指人之私（欲），它和人的情（感）不同。情是从性中流露出来的。《朱子语类》卷5中说：“性所以立乎水之静，情所以行乎水之动，欲则水之流而至于滥也”；又说：“感触为情，……有所逐为欲。”[①]此当是朱子所谓的“存天理，灭人欲”的本义。可见朱熹仍是继承了先秦的性静情动之说（或亦受王弼性情说之影响），且区分情（情感）与欲（情欲）之不同，而回到了《中庸》的已发、未发之问题。如果我们根据《性自命出》中的“道始于情，情生于性”“性自命出，命由天降”来看，先秦儒家的性静情动说较之性善情恶说无疑有更为深刻的理论价值，“道始于情”“情生于性”可以说揭示了先秦儒家伦理道德学说产生的根据。

① 均见于《朱子语类》卷五，中华书局，1986年，第97页。

论和而不同

今日世界的纷争虽然不能说主要是由文明之冲突引起的，但也绝非与文明冲突无关。因此，关于文明冲突与文明共处的讨论正在世界范围内展开，是增强不同文化间相互理解和宽容而引向和平，还是因文化隔离和霸权而导致政治冲突，将影响21世纪人类的命运。自第二次世界大战结束之后，由于殖民体系的瓦解，文化上的西方中心论也逐渐随之消退，世界文化呈现出多元发展的趋势。近半个世纪以来，世界经济贸易、信息传播的发展，使民族与民族、国家与国家、地域与地域之间文化上的交往越来越频繁，世界日益成为一个不可分割的整体。目前，在世界文化发展中，出现了两股不同方向的文化潮流：某些西方国家的理论家从维护自身传统利益或传统习惯出发，仍然坚持西方中心论；与此同时，某些取得独立或复兴的民族，抱着珍视自身文化的情怀，形成一种返本寻根、固守本土文化的民族主义和回归传统的保守主义。甚至某些东方学者鉴于两个世纪以来西方文化对世界造成的灾难和自身曾受到的欺压，而提出文化上的东方中心论。如何使这两股相悖的潮流不致发展成大规模的对抗，并得以和解，实是当前一大问题。同时，我们也必须注意，在西方国家与民族、东方国家与民族之间由于文化传统的不同也会出现纷争和冲突，这在历史和现实中所在多有，不能不引起我们关注。

如何使不同文化传统的民族、国家和地域在差别中得到共同发展，并相互取长补短，以便形成在全球意识关照下文化多元化发展的新形势呢？我认为中国的和而不同原则或者可能为我们提供有正面价值的资源。

1993年亨廷顿提出的文明冲突论，引起了各国学术界的广泛讨论。从人类历史上看，由于文化（哲学、宗教、价值观念，等等）的不同引起的冲突和战争并不少见，就是进入21世纪虽未发生世界性的大战，但局部地区的战争仍不断，其中政治、经济无疑是冲突和战争非常重要的原因，但文化的确也在相当大的程度上是国家与国家、民族与民族、地域与地域之间冲突和战争的原因。如何化解这种因文化上的原因引起的冲突甚至战争，也许孔子提出的和而不同是一条非常有意义的原则。

在中国历史上，人们一向认为和与同是不同的两个概念，有所谓和同之辩。《左传·昭公二十年》记载：“公曰：唯据与我和夫？晏子对曰：据亦同也，焉得为和？公曰：和与同异乎？对曰：异。和如羹焉，水火醯醢盐梅以烹鱼肉，燀之以薪。宰夫和之，齐之以味，济其不及，以泄其过。君子食之，以平其心。君臣亦然。……今据不然，君所谓可，据亦曰可。君所谓否，据亦曰否。若以水济水，谁能食之？若琴瑟之专一，谁能听之？同之不可也如是。”齐侯说：只有据（按：齐侯之大臣）跟我不是很和谐吗？晏子回答说：据也只是和你相同而已，哪里说得上和谐呢！齐侯说：和（谐）与（相）同不一样吗？晏子回答说：不一样。和谐好像做羹汤一样，用水、火、醋、酱、盐、梅来烹调鱼和肉，再用柴火烧煮，厨子加工以调和，使味道适中，味道太浓就加水冲淡。君子食用这样的羹汤，内心平静，君臣之间也是这样……现在据不是这样。国君认为对的，他也认为对；国君认为不对的，他也认为不对。这就像用水去调剂水，谁还能吃呢！如同琴瑟老弹一个音，谁听它呢？不应光讲同的道理就是这样。《国语·郑语》：“夫和实生物，同则不继。以他平他谓之和，故能丰长而物归之；若以同裨同，尽乃弃之。故先王以土与金、木、水、火杂，以成百物。”这是史伯对郑桓公说的一段话。可见和与同是两个不同的概念。“以他平他”，是以相异和相关为前提，相异的事物相互协调并进，就能使事物发展；“以同裨同”，则是以相同的事物叠加，其结果只能窒息生机。中国传统文化的最高理想是“万物并育而不相害，道并行而不相悖”（《中庸》）。“万物并育”和“道并行”是不同；“不相害”“不相悖”则是和。这种思想为多元文化共处提供了取之不尽的思想源泉。

不同的民族和国家应该可以通过文化的交往与对话，在对话（商谈）和讨论中取得某种共识，这是一个由不同到某种意义上的相互认同的过程。不同民族和不同国家之间由于地理的、历史的和某些偶然的原因，而形成了不同的文化传统，正因为有文化上的不同，人类文化才是丰富多彩的，而且才在人类历史的长河中形成了互补和互动的格局。文化上的不同可能引起冲突甚至战争，但并不能认为不同就一定会引起冲突和战争。特别是在今天科学技术高度发展的情况下，如果发生大规模的战争也许人类将毁灭自身。因此，我们必须努力追求在不同文化之间通过对话，实现和谐相处。现在中西许多学者都认识到，通过对话沟通增进不同文化之间的相互理解的重要性。例如哈贝马斯提出正义和团结的观念。我认为，把它们作为处理不同民族文化之间关系的原则，应该是很有意义的。哈贝马斯的正义原则可理解为，要保障每一种民族文化的独立自主，按照其民族意愿发展的权利；团结原则可理解为，要求对其他民族文化有同情理解和加以尊重的义务。通过不断的对话和交往等途径，总可以在不同民族文化之间形成互动中的良性循环。[①]2002年去世的德国哲学家伽达默尔提出，应把理解扩展到广义对话层面。正因为理解被提升到广义对话，主体与对象（主观与客观或主与宾）才得以从不平等地位过渡到平等地位；反过来说，只有对话双方处于平等地位，对话才可能真正进行并顺利完成。可以说，伽达默尔所持的主体—对象平等意识和文化对话论，正是我们这个时代所需要的重要理念。这种理念，对我们今天如何正确而深入地理解中外文化关系、民族关系等等，具有重要的启示。[②]不论是哈贝马斯的正义和团结原则，还是伽达默尔的广义对话论，都要以承认和而不同原则为前提，只有承认不同文化传统的民族和国家可以和谐相处，不同的文化传统的民族与国家才能获得平等的权利和义务，广义对话才能真正进行并顺利完成。因此孔子以“和为贵”为基础的和而不同原则，应成为处理不同文化之间关系的一条基本

① 参见乐黛云：《文化相对主义与比较文学》，《跨文化对话》，北京大学出版社，2002年。

② 参见潘德荣：《伽达默尔的哲学遗产》，香港《21世纪》，2002年4月号；于奇智：《哲学的人文化成》，香港《21世纪》，2002年8月号。

原则。

不同文化传统应该可以通过文化的交往和对话，在讨论中取得某种共识，这是由不同到某种意义上的认同的过程。这种认同不是一方消灭一方，也不是一方同化另一方，而是在两种不同文化中寻找交汇点，并在此基础上推动双方文化的发展，这正是和的作用。我们可以用中国文化自身的发展为例：儒家要求制礼作乐，即要求有为以维护社会的和谐；道家追求顺应自然，即要求无为以保持社会安宁。它们本是两种很不相同的思潮，但经过近千年的发展，在不断对话中，取得了某种共识。到西晋，有郭象为调和孔老，提出了有为也是一种无为。郭象注《庄子·秋水》中有一段话说："人之生也，可不服牛乘马乎？服牛乘马不可穿落之乎？牛马不辞穿落者，天命之固当也。苟当乎天命，则虽寄之人事，而本在乎天也。"这里的意思是说，虽然"穿牛鼻""落马首"是通过人为（人事）来实现，但它本来就是顺自然的。郭象的这一观点，既是儒家可以接受的，也是道家可以接受的，但它又不全然是原来儒家和原来道家的思想了。有为（人为）和无为（天然）本不相同，但要使两者的意义都在某种程度上被容纳，就必须在商讨中找到交汇点（和），所找到的交汇点就可以成为双方能接受的普遍性原则，它并不要求抹杀任何一方的特点而使双方互相接受，这无疑是体现了和而不同的思想的。

我们还可以用中国历史上中国传统文化与外来文化的相遇为例，说明和而不同的意义。本来印度佛教文化与中国传统文化（如儒家、道家等）是两种很不相同的文化，但从汉到唐的几百年中，从中国文化自身来说，一直在努力吸收和融化佛教这种异质文化；从印度佛教方面说，则一直致力于改变不适应中国社会要求的方面。因此，在印度佛教传入中国近千年的历史中，中国文化在许多方面受惠于印度佛教。印度佛教深刻地影响着中国哲学、文学、艺术、建筑以及民间风俗习惯诸多方面。与此同时，印度佛教又在中国这块大地上得到了发扬光大，在隋唐不仅形成了若干中国化的佛教宗派（如天台、华严、禅宗等），并且中国文化仍然是中国文化，并未因吸收了印度佛教文化而失去其特色。这种文化上的交流和互相影响，可以说是很好地体现了和而不同的原则。不仅中印文化之间的关系如此，其实欧洲文化的发展也可以说明这一点。罗素1922年写的《中西文化比较》中有这样一段话："不同文化之间的交流过去已经多次证明是人类文明发展的里程碑。希腊学习埃及，罗马借鉴希腊，阿拉伯参照罗马帝国，中世纪的欧洲又模仿阿拉伯，而文艺复兴时期的欧洲则仿效拜占庭帝国。"一种文化之所以能吸收他种文化，往往是在两种文化的交往和商谈中体现了和而不同思想的结果。欧洲文化在自身发展中吸收了各种各样不同文化传统的因素，但它不仅没有失去其作为欧洲文化的传统，而且大大丰富了自身文化的内涵，这无疑是符合和而不同原则的。

自19世纪末，西方文化大量传入中国，中西文化之间一直存在着矛盾和冲突，但同时也存在着互相吸收和融合的趋势。中国的儒家思想和马克思主义无疑是两种不同的思想体系，但自20世纪末在我国出现过试图调和这两种哲学的种种努力。我认为也许已故冯契先生的努力是使上面所说的两种思想的调和最为成功的范例。

冯契是一位有创造性的马克思主义者，他力图在充分吸收和融合中国传统哲学和西方分析哲学的基础上使马克思主义哲学成为中国化的马克思主义哲学。他的《智慧说三篇》可以说是把马克思主义的实践唯物辩证法、西方的分析哲学和中国传统儒家哲学较好结合起来的尝试。冯契在《智慧说三篇·导论》第五节“《智慧说三篇》的基本思想”的一开头就说：“本篇主旨在讲基于实践的认识过程的辩证法，特别是如何通过转识成智的飞跃，获得性与天道的认识。”冯契不是要用实践的唯物主义辩证法去解决西方哲学的基本问题，而是要用实践的唯物主义辩证法解决中国哲学的性与天道。他说："通过实践基础上的认识世界与认识自己的交互作用，人与自然、性与天道在理论与实践的辩证统一中互相促进，经过凝道而成德、显性以宏道，终于达到转识成智，造成自由的德性，体验到相对中的绝对、有限中的无限。"接着冯契用分析哲学的方法，对经验、主体、知识、智慧、道德等层层分析，得出如何在"认识世界和认识自己的过程中转识成智"（我认为，冯契把认识世界和认识自己看成是同一过程，这无疑是中国式的思维方式），由此他提出了一个非常重要的命题："化理论为方法，化理论为德性。"（按：马克思主义哲学一向认为理论和方法是统一的，而中国儒家哲学一向认为理论与德性是统一的，而冯契要求把理论、方法和德性三者统一起来，这也许可以说是希望把儒家思想引入马克思主义哲学，而使马克思主义哲学真正中国化。）因此，他对这个命题解释道："哲学理论一方面要化为思想方法，贯彻于自己的活动，自己研究的领域；另一方面又要通过自己的身体力行，化为自己的德行，具体化为有血有骨的人格。"照冯契的看法，无论化理论为方法，还是化理论为德性，都离不开实践的唯物辩证法。化理论为方法，不仅是取得知识的方法，也是取得智慧的方法。智慧与知识不同，知识所及为可名言之域，而智慧所达为超名言之域，这就要转识成智。而转识成智，是要"凭理性的直觉才能把握”。对此冯契解释说：“哲学的理性的直觉的根本特点，就在于具体生动地领悟到无限的、绝对的东西，这样的领悟是理性思维和德性培养的飞跃。”（按：这有些类似于熊十力先生所提出希望建立的“思修交尽”的量论。[①]）理性的直觉是在逻辑分析基础上的思辨的综合而形成的一种飞跃。如果没有逻辑的分析，就没有说服力；如果不在逻辑基础上作思辨的综合，就不可能为哲学研究提供新的方向，开辟新的道路。从这里我们可以体会到冯契运用逻辑的分析和思辨的综合的深厚功力。正是由于此，实践唯物辩证法才具有理论的力量，也说明他研究哲学的目的归根结底是为了用实践唯物辩证法来解决性与天道（按：也可以说是天人关系的问题）这一古老又常新的中国哲学问题。因此，新的中国哲学体系必须要在马克思主义与中国传统哲学这两种不同的哲学中找到结合点，以便使这两种不同的哲学都得到发展。

在不同文化传统的交往中体现和而不同的原则可能会有多种情况：一种情况是，在商谈中发现不同文化原来有相近或相

---

① 熊十力认为，中国传统哲学比较重视体认（心的体察认知），而不注重思辨的分析，因此“中西文化，宜互相融合”，“中国诚宜融摄西洋而自广”。因此，他主张把中国的体认与西洋的思辨结合起来，成为“思修交尽之学”。参见拙作《中国现代哲学的三个“接着讲”》，收入《世界文化的东亚视角》，北京大学出版社，2004年。

似的观念，如在基督教中有博爱，在佛教中有慈悲，在儒家中有泛爱众，从抽象的意义上讲都是爱，于是，爱就可以成为不同文化传统都能接受的普遍原则。同时博爱、慈悲、泛爱众仍然保留其各自不同的特点。另一种情况是，在文化交往中发现此种文化不具有另一种文化的某些重要观念，但另外那种文化中的这些观念和此种文化并非不能相容，这样就可以在交往中接受这些新的观念，并经过改造而逐渐使之融化在此种文化之中，从而丰富此种文化的内容。例如，在中国原来并没有明确的顿悟的观念，但到宋明时代，程朱理学和陆王心学都在某种程度上接受了顿悟的观念，使之融化在他们的体系之中。第三种情况是，在文化的交往中会发现，此种文化不具有彼种文化中的某些有意义的观念，而且这些有意义的观念和此种文化的某些观念不相容，从而在交往中不得不放弃此种文化中的某些旧观念，而接受外来的新观念，致使此种文化得到发展。例如西方的民主思想输入中国之后，中国人不得不放弃过去传统中的三纲等旧观念。第四种情况是，在两种或多种文化的交往中，经过反复的交谈会发现，双方或多方都未曾有过的，然而十分有意义的新观念，例如和平共处、文化多元共处等，把这些观念引入不同的文化体系中，无疑对各种文化都是有意义的。当然除此之外，还有其他的不同情况，兹不赘述。上述四种情况，都说明在不同传统文化之间可以因其不同通过和（调和，协调）的作用而达到某种同，在不同中找到可以共同接受的原则，在不同的情况下取得共识正是交往和商讨中实现和而不同的原则的体现。

在讨论和而不同作为不同文化之间交往的原则时，似乎还有两点值得注意：一是文化的异地发展问题；另一是文化的双向选择问题。一种文化在一地（或一民族）发展日久或者遇到特殊的原因，会出现衰退甚至断绝的现象，而往往会在其传到的另一地区（或民族）得到发展，例如佛教在印度流传到7、8世纪，以后没有什么重大发展，但佛教在中国隋唐时期（7—9世纪），由于吸收了中国文化的某些因素而为中国的高僧大德所发展，形成了中国化的佛教宗派，并传到了朝鲜半岛和日本，于是这些宗派又和当地文化相结合，特别是在日本又创造了独特的日本佛教派别。所以我常说："中国文化曾受惠于印度佛教，印度佛教又在中国得到发扬光大。"这种文化的异地发展的现象不仅发生在亚洲，也发生在欧洲。如前引罗素所说，今日欧洲的文化是由埃及而到希腊，中经罗马、阿拉伯再回到欧洲，正是这种文化的异地发展，形成了人类文明发展的里程碑。究其原因，甲种文化移植到乙种文化中往往会为甲种文化增加某些新因素，这些新因素或者是甲种文化原来没有的，或者是在甲种文化中没有得到充分发展的，它们的加入使甲种文化在乙种文化中得到了发展。这种情况正符合文化发展和而不同的原则，正是“和实生物，同则不济”的体现。关于文化的双向选择问题，我们知道，并不是任何异质文化传到某一地区（或民族），在任何时候和任何情况下都会被接受和得到发展。例如在隋唐时期，不仅佛教对中国社会有着重大影响，《隋书·经籍志》中说：“佛经在民间数十百倍于儒经”，而且在这一时期景教（基督教的一派）也曾传入中国，并发生过一定影响，但最终并未在中国站住脚。这就有个文化的双向选择问题。不仅如此，就是印度佛教的宗派在中国的命运也不相同。例如密教（密宗）在唐中期以后在中国汉地曾盛极一时，这点我们可以从扶风法门寺地宫出土文物得到证实，但以后密宗就衰落了，在汉地几乎没有什么影响，可是印度密教在西藏地区与当地的苯教结合而形成藏传佛教，直到现在仍是藏族人民信仰的宗教。这是为什么呢？就汉地佛教说，最初传入的是小乘禅法安世高系，其后支娄迦谶把般若学传入中国。自晋以后在中国流行的是般若学，而非小乘禅法。究其原因，盖因般若学与以老庄学说为骨架的玄学相近，而在东晋南朝选择了般若学。在唐朝发展起来的禅宗也并非印度禅法，其思想基础仍可说是般若一支，且禅宗无疑不仅吸收了某些老庄思想，而且为适应中国社会的需要又吸收了某些儒家思想。这就可以看出，文化间确实存在着一种双向选择问题，而这种双向选择也是和而不同原则的另一种体现。我们还可以看到，在唐初虽有玄奘大师宣扬佛教唯识学，但此学在中国唐朝仅流行了三十余年，就不为中国人所重视，这是因为唯识学的思维模式完全是印度式的，与中国的思维模式大不相同。然而禅宗在唐中叶以后却大为流行了，这正因为禅宗的思维模式较近于中国，成为中国化的佛教宗派，而影响了宋明理学。这说明，在不同文化的交流中，文化之间常常存在着双向选择的问题，而这种双向选择也在一定程度上体现着和而不同的原则。盖文化之间总是因有不同，才有选择，如果是完全相同的思想，那就无所谓选择了，而且完全相同的思想的传入，对原有的思想文化不会增加什么新的因素，因而也就不能刺激和推动原有文化的发展，可见和而不同原则对文化的双向选择有着非常重要的意义。

我们把和而不同看作是推动文化健康地交流、促进文化合理地发展的一条原则，这正符合当前世界文化多元化发展的趋势。如果我们希望中国文化得到更好的发展，希望中国文化今后能对人类文明有所贡献，就必须以和而不同的态度对待其他民族、国家、地域的文化，充分吸收它们的文化成果，更新自己的传统文化，以创造适应现代社会生活的新文化。

论周易哲学

在《论天人合一》一文中，我已对《周易》哲学作了讨论，主要是说明《周易》是一部“所以会天道、人道”的书，即说明它是一部讨论天、人之间存在着相即不离的内在关系的书。当然，这种天、人之间的相即不离的内在关系无疑是中国传统哲学讨论的主题之一。我在这里准备写的《论周易哲学》是想讨论《周易》所包含的中国最早的本体论（ontology）和宇宙生成论（cosmology）两大体系的问题，它为中国哲学的发展方向奠定了基础，并证明了“易，所以会天道、人道也”是对《易》的准确的表述。相传《易》经三圣，虽未必全为历史事实，但确说明《易》的发展经过了三个时期。伏羲画八卦，文王演八卦，孔子作《易传》，这种说法就《易》的发展有三个时期大体上是不错的。[1]因此，我们可以说，在远古的伏羲时代已有八卦[2]，而周文王时演而为六十四卦[3]，有卦名、卦画、卦序的排列以及卦辞、爻辞等等，这是《易经》的部分，从中我们可以分析出某些极有价值的哲理以及对历史经验的总结，但我们还不能说它是一种较为完备的哲学理论，而仍是一部作为占卜或警世之用的经典（这可证之于《左传》）[4]。《易传》虽非孔子所作，但属战国时儒家文献，其中当然也融合春秋至战国各家思想，特别是其中有关宇宙论部分无疑吸收了道家的思想。这方面已有许多学者讨论到。[5]

---

① “《易纬·乾凿度》云：‘垂皇策者羲，卦道演德者文，成命者孔。’《易纬·通卦验》又云：‘苍牙通灵昌之成，孔演命明道经。’准此诸文，伏羲制卦，文王系辞，孔子作《十翼》，《易》历三圣，只此谓也。”（见《周易正义》卷首）

② 《系辞下》：“古者包羲氏之王天下，仰则观象于天，俯则观法于地，观鸟兽之文，与地之宜，近取诸身，远取诸物，于是始作八卦……”

③ 司马迁《史记》谓：“文王拘而演《易》。”

④ 《左传》中有多处引用了《易经》，用于占卜。如《左传·庄公二十二年》：“……周史有以《周易》见陈侯者，陈侯使筮之，遇观䷓之否䷋曰：是谓观国之光，利用宾于王……”《左传·闵公元年》：“初，毕万筮仕于晋，遇屯䷂之比䷇……”《左传·僖公十五年》：“晋献公筮嫁伯姬于秦，遇归妹䷵之睽。史苏占之，曰：‘不吉。其繇曰：士刲羊，亦无衁也。女承筐，亦无贶也。西邻责言，不可偿也。归妹之睽，犹无相也。……’《左传·宣公六年》：‘郑公子曼满与王子伯廖语，欲为卿。伯廖告人曰：无德而贪，在《周易》丰䷶之离䷝，弗过之矣。间一岁，郑人杀之”等等。

⑤ 陈鼓应：《易传与道家思想》，中国台湾商务印书馆，1995年。

《易传》包括“十翼”，它是对《易经》的解释，我们可以对“十翼”作多方面的解释，但其中《系辞》对《易经》所作的整体性的哲学解释最为重要，它可以引申出两个解释系统：一为本体论的解释系统；一为宇宙生成论的解释系统，而这两大不同的解释系统在实际上又是互相交叉着的。

照《系辞》看，《易经》的六十四卦是一个整体性的开放体系，它的结构形成了一个整体宇宙的架构模式，它体现着宇宙的存在象状。这个整体性的宇宙架构模式与宇宙一一相当，它是一生生不息的有机架构模式，故曰：“生生之谓易”。世界上的万事万物都可以在这个模式中找到它一一相当的位置[①]，所以《系辞》中说：《易经》（或可称“易道”）“范围天地之化而不过，曲成万物而不遗。通乎昼夜之道而知，故神无方而易无体”[②]。意思是说：《易》所体现的天地运化

---

① 韩康伯注谓：“自此以上，皆言神之所为也。方体者皆系乎形器者也。神则阴阳不测，易则唯变所适，不可以一方一体明。”又如《系辞》：“子曰：夫易，何为者也。夫易，开物成务，冒天下之道，如斯而已者也。”韩康伯注谓：“冒，覆也。言易通万物之志，成天下之务，其道可以覆冒天下也。”意思是，《易》是作什么的？《易》是开启万物，成就事务的，它覆盖着天下的道理，就是这样的。

② 《程氏易说》卷1：“范围，俗语谓之模景。模景天地之运化而不过差，委曲成就万物之理而无遗失，通昼夜辟阖屈伸之道而知其所以然。如此，则得天地之妙用，知道德之本源；所以见至神之妙，无有方所，而易之准道，无有形体。”

的道理是无过差的，成就形形色色的事物而无所遗漏，虽然天地万物奥妙的变化是无穷的，但可以从其中知道天地万物变化的所以然的道理，因为《易》是一变化无方所、无形体的开放体系，而不是系于一方一体的。从这里，我们可以了解到，《易》（“易道”）[1]所说，天地万物（宇宙）之所以如此存在，都可以在《易经》的架构模式中找到其所以然的道理，它范围了天地万物的道理没有差错，而且无所遗漏。天地万物其生成变化的道理和根据都包含在《易经》的架构模式中，“在天成象，在地成形，变化见矣”，“天下之理得，而成位于其中”。因此，“易与天地准，故能弥纶天地之道”。弥纶，朱熹谓：“弥如封弥之弥，糊合使无缝罅；纶，如纶丝之纶，自有条理。言虽是弥得外面无缝罅，而中则事事物物各有条理”。[2]《易经》所表现的宇宙架构模式（从至大无外的宇宙说，从至小之具体事事物物说）可以成为实际存在的天地万物相应的准则。圣人之所以能得到《易》这个宇宙架构的模式，是由于他对天地万物的观察，并能由表及里，由始至终，由对有形无形之象以及存在和尚未存在的事物的探

① 《程氏易说》卷一：“易道广大，推远则无穷，近言则安静而正。天地之间，万物之理，无有不同。”按：万物之理无不同于易道。

② 《朱子语类》卷七十四。

讨而得到的。所以《易经》这个架构模式既包含着已经实际存在的天地的道理，甚至它还包含着尚未实际存在而可能显现成为现实的一切事物的道理，“故神无方而易无体”[1]，易所指示的变化是无方所的，也是不受现实存在的事物所限制的。这就说明，《系辞》的作者认为，天地万物之所以如此存在着、变化着，都可以从易这个系统中找到其存在的道理，易这个系统是一个无所不包的宇宙模式。故《系辞》说：“《易》之为书也，广大悉备，有天道焉，有人道焉，有地道焉，兼三材而两之，故六。六者，非它也，三材之道也。”（《说卦》谓：“昔圣人之作《易》也，将以顺性命之理，是以立天之道，曰阴与阳；立地之道，曰柔与刚，立人之道，曰仁与义。兼三才而两之，故易六画而成卦，分阴分阳，迭用柔刚，故易六位而成章。”）《易》这部圣人所作的书，它包含着天、地、人三才的道理。天、地、人所表现的虽不同，或为阴阳、或为柔刚、或为仁义，但都是在易道之中，可由《易》的卦画表现出来。因此，我们可以说《易》作为宇宙的架构模式所表示的是形而上的道，而世界上已经存在的或者还未存在而可能

① 无体，《朱子语类》卷七十四谓：“神无方而易无体，神便是忽然在阴，又忽然在阳底。易便是或为阴，或为阳，如为春，又为夏；为秋，又为冬。交错代换，而不可以形体拘也。”

存在的东西都能在此《易》的宇宙架构模式中找到其所以存在之理，所以《系辞》说："形而上者谓之道，形而下者谓之器。"[①]《系辞》已注意到形上与形下的区别，唯有其分别，圣人才得观察其深远之意义，盖因"言天下之深远难知，而理之所有不可厌也；言天下之动无穷也，不可紊也"。[②]所以以形上、形下言道器，"只是上下之间，分别得一个界止分明。道亦器，器亦道，有分别而不相离"。此以体用一源论道、器关系，是一种哲学本体论的论证。这就是说，《易》这个"广大悉备""弥纶天地之道"的宇宙架构模式包括了天、地、人所有的道理，它是一无体之易的形而上的体系。

我们也许还可以进一步讨论，《系辞》为什么把《易

① 《周易正义》疏谓："《正义》曰：'是故形而上者谓之道，形而下者谓之器'者，道是无体之名，形是有质之称。凡有从无而生，形由道而立，是先道而后形，是道在形之上，形在道之下。故自形外以上者谓之道也，自形内以下者谓之器也。形虽处道器两畔之际，形在器，不在道也。既有形质，可为器用，故云，形而下者谓之器也。"这个解释或未得《系辞》意，它把形上、形下分割开来，而在时间上有先后，在空间上则相隔。这实是一种生成论的解释。而宋儒，如朱熹的解释则是一种本体论的解释。《朱子语类》卷七十五中说："问：形而上下，如何以形言？曰：'此言最得当'。设若以'有形无形言之，便是物与理相间断了。所以谓'截得分明'者，只是上下之间，分别得一个界止分明。器亦道，道亦器，有分别而不相离也。"又说："道是道理，事事物物皆有个道理；器是形迹，事事物物皆有个形迹。有道须有器，有器须有道。物必有则。"此用体用一源论道、器关系，自是一种本体论的论证。

② 《程氏易说》卷一。

经》（易理、易道）解释为开放的、生生不息的宇宙架构模式，认为天地万物的道理（易理、易道）都包含其中？《系辞》中说："子曰：易其至矣乎！夫易，圣人所以崇德而广业也。知崇礼卑；崇效天，卑法地；天地设位，而易行乎其中矣，成性存存，道义之门。"《易经》是一部伟大的书。这是因为，圣人用易来崇德广业，知崇礼卑，崇效天，卑法地（韩注："极知之崇，象天高而统物；备礼之用，象地广而载物也"），天地的运行有其常定之规律，这是易（易理贯穿其中，按：此讲天道），而圣人按照礼的要求而使各正性命（按：此讲人道），这样易的道义也就表现出来了。所以张载说："此论《易》书之道，而圣人亦所以教人。"[①]由此可见，圣人之作《易》其目的是由天道而人道，此即《郭店楚简·语丛三》所说："易，所以会天道、人道也"。《系辞》对《易经》解释的目的，就是要揭示《易经》的这一宇宙的架构模式，而此架构模式是为"通天人之际"，而"道济天下"的。圣人制《易》本来就是为了"成天下之务""以通天下之

① 《横渠易说·系辞上》："天地定位而易行乎其中，知礼成性而道义出。夫《易》，圣人所以崇德广业，以知为德，以礼为业也，故知崇则德崇矣。而论《易》书之道，而圣人亦所以教人。'天地设位而易行乎其中'，比下文'成性存存道义之门'而言也。天地设位，故易行乎其中，知礼成性，则道义自此而出，道义之门盖由仁义行也。"

志，以定天下之业，以断天下之疑”（《系辞》上）。那么怎样才能做到呢？就是要用《易经》这部占卜的书。而《易经》这部占卜的书是圣人据“天文”“地理”“百姓日用”“万物之情”等等而总结出来的，它可以指示，自天子以至庶人“占往知来”，以定吉凶。为此，《系辞》揭示出《易经》所体现的宇宙架构模式，而使之有形而上的本体论根据。

这种对《易经》本体论的解释模式对后来中国哲学的影响非常之大，如王弼对《系辞·大衍之数》的解释即是。在汉朝众多学者以象数解释大衍之数，郑玄以五行释之，荀爽以卦爻释之。[①]又孔疏引京房曰：“五十者，谓十日，十二辰，二十八宿也，凡五十。”“其一不用者，天之生气，将欲以虚来实，故用四十九焉。”《易乾凿度》曰：“五音六律七变，由此作焉。故大衍之数五十，所以成变化而行鬼神也。日十干者，五音也；辰十二者，六律也；星二十八者，七宿也。凡五十所以大阂物，而出之者也。”京房曰：“其一不用者，天之生气，将欲以虚来实故用四十九焉。”（《孔疏》）“故《星经》曰：天一太乙主气之神。”（《易乾凿度》郑注）所有这些均以象数解之。而王弼解《大衍之义》则

① 参见汤用彤：《王弼大衍义略释》，《汤用彤全集》第4卷，第55页。

一扫汉时旧说，而以玄理解之。其文谓：

> 演天地之数，所赖者五十也。其用四十有九，则其一不用也。不用而用之以通，非数而数之以成，斯《易》之太极也。四十有九，数之极也。夫无不可以无明，必因于有，故常于有物之极，而必明其所由之宗也。

这里王弼用体、用和一、多的关系来说明大衍之数的问题。所谓不用之一，即《易》中所说的太极，也就是指作为天地万物之本之无，（按：王弼《老子》四十章注谓："天下之物，皆以有为生。有之所始，以无为本。将欲全有，必反于无。"《老子指略》中说："夫物之所以生，功之所以成，必生乎无形，由于无名，无名无形者，万物之宗也。"）而太极不是在天地万物之外（之后）的另一实体。照王弼看，太极是包蕴万物、孕育万物者；也就是说太极（不用之一）不是在有物之极（四十有九）外，而是支持有物之极者。所以对于无（非有名有形之无，即太极）不能由其本身加以说明，因为它无名无形，不可言说；必须从有名有形之有来体察之。这就是说：一是四十九之体，无即有物之极之本。作为一（太极）之本，与作为多（四十有九）之用，因多（四十九）为数（有形有名之具体事物），而一（太极）非数（不是具体事物），四十有九之数之极（多）是总合天地万物，而太极（一）则为其本体。要想了解天地万物之种种现象（多），也须把握其所由之宗本（一），“知其母而执其子”，“执一而统众”。万有如大海之波，千姿百态，汹涌澎湃，而其本为水。离开大海之波，也就无大海之水；而大海之本则为水，大海之波则为其种种表现。大海之水为一、为本；千姿百态之波为多，为用。这种体用如一、本末不二的观点正是由《易》的本体论发展而来的，为易学的一新的贡献。由此，亦可见《系辞》对《易经》之解释实为中国哲学之本体论之开端也。

在《系辞》对《易经》之解释中，我们还可以看到它不仅为《易经》建构了一宇宙架构模式的本体论，而且还包含着对《易经》的宇宙生成论的解释。《易经》作为一部占筮之书，自然要“定吉凶”。但它为什么能成为一部“探赜索隐、钩深致远”“以定天下之吉凶”“以通天下之志，以定天下之业，以断天下之疑”的书呢？为此我们必须据《易经》内含的无穷变化之微妙，“阴阳不测之谓神”（《系辞》），发掘一宇宙生成论之模式。所以《系辞》曰：“生生之谓易。”（注谓：“阴阳转易，以成化生。”）而《庄子》也说：“易以道阴阳。”这里说明，《易》作为一种模式和天下万物一样是一个生生不息、不断变化发展的系统，所以《易》有三义，其一为变易[1]。《易》这个体现宇宙变化的系统是以阴阳的交荡而形成的。所以《系辞》说："易有太极，是生两仪，两仪生四象，四象生八卦，八卦定吉凶。吉凶生大业。"[2]这说明《易经》包含着一个天地万物的生成系统。这个生成系统表现着天地万物的生生化化。《系辞》所构成的这一宇宙系列生化系统或受道家老子之"道生一，一生二，二生三，三生万物……"之影响。照《系辞》看，《易经》的生化所描述的是宇宙从混沌未分之太极（太一）生发出来的，而后有阴（--）、"阳"（—）[3]，再由阴阳两

① 《周易正义》卷首谓："《正义》曰：夫易者，变化之总名，改换之殊称，自天地开辟，阴阳运行，寒暑迭来，日月更出，孚萌庶类，亭毒群品，新新不停，生生相续，莫非资变化之力，换代之功。然变化运行，在阴阳二气，故圣人初画八卦，设刚柔两画，象二气也；布以三位，象三才也。谓之为易，取变化之名。……郑玄依此又作《易赞》及《易论》云：易一名而含三义：易简，一也；变易，二也；不易，三也。"

② 关于太极，在历史上有种种说法。韩康伯说："夫有必始于无，故太极生两仪。"谓太极无名无形（无）为万有之本体。《正义》谓："太极谓天地未分之前，元气混而为一，即是太初、太一也。"谓太极是在万物之前存在之元气。朱熹认为太极是理，"太极却不是一物，无方所顿放，是无形之极。"（《朱子语类》卷七十五）

③ 朱熹则认为："太极即存阴阳里"，谓理不离气。

种基本性质分在太阴（⚏）、太阳（⚌）、少阴（⚎）、少阳（⚍）等四象；由四象分化而有八卦（☰ ☷ ☳ ☴ ☵ ☲ ☶ ☱），八卦这八种符号代表着万物不同的性质，据《说卦》，这八种性质是："乾，健也；坤，顺也；震，动也；巽，入也：坎，陷也；离，丽也；艮，止也；兑，说也。"这八种性质又可以用天、地、山、泽、雷、风、水、火的特征来表示。[①]由八卦又可以组成六十四卦，但《易经》并不是说至六十四卦就完结了，实际上仍可展开，所以六十四卦最后为既济和未济，这就是说事物发展到最后必然有个终结，但此一终结又是另一新开始，故《说卦》中说："物不可穷也，故受之以未济终焉"。《系辞》认为，天地万物之生成发展变化可以由《易经》这个符号系统表现出来。《易经》之所以能由"太极生两仪，两仪而四象……"的系统把天地万物之生成变化表现出来，这因为天地万物本来就是如此生成发展变化的，不过圣人用简易的符号表现，以便利人们用之于"定吉凶""成大业"。因为"易则易知，简则易从"。《系辞》中说："天地絪緼，万物化醇，男女构精，万物化生。"《序卦》中说："有

① 《说卦》中说："天地定位，山泽通气，雷风相薄，水火不相射。"《说卦》中也还有其他种种说法，大体都是对八卦性质的归类。

天地，然后有万物；有万物，然后有男女；有男女，然后有夫妇；有夫妇，然后有父子；有父子，然后有君臣；有君臣，然后有上下；有上下，然后礼仪有所错。”[①]我想，这些说法大体上都是对当时天地万物的生生化化的描述。但我认为这些描述和“太极生两仪……”这种符号性的描述或有不同。“太极生两仪……”是一个对宇宙符号化的系统；而“天地氤氲……”“有天地，然后有万物……”不是一符号化的系统，是一种对宇宙实际生化过程的描述，是用实例来说明宇宙生化过程的。因此，我们也许可以说《系辞》所建构的“太极生两仪……”（宇宙是由混沌来分的太极（太一）发生出来，而后有阴[--]和阳[—]……）是一种宇宙生化的符号系统。[②]在这里，我们是不是又可以提出中国哲学研究的新课题？这就是宇宙生化的符号系统的问题。关于天地万物（或曰宇宙）生成的符号化的问题，在先秦就有，例如有关于河图、洛书的说法，汉朝的象数之学中也包含着宇宙生化的符号问题。后来道教中的符派（《太平经》中就有许多符号问题），至宋有邵雍的“先天图”，周敦颐

① 《周易正义》谓：“错综天人以效变化。”

② 关于中国文化中的符号问题，也许应从中国的语言、文字、图形等等方面来考虑，是不是也是一种符号学？我认为是应进一步研究的。

的“太极图”（据传周敦颐的“太极图”是脱胎于道士陈抟的“无极图”，此说尚无定论，待考）。我认为，区分宇宙生化的符号系统与宇宙实际生化过程的描述是很重要的。宇宙实际生化过程的描述往往是依据生活经验而提出的具体形态事物（如天地、男女等等）的发展过程，而宇宙生化的符号系统虽也可能是据生活经验，但其用以表述的宇宙生化过程并不是具体形态的事物，而是象征性的符号，这种符号或者有名称，但它并不限于具体形态的事物及其性质，它是一种抽象性的表述。因此，这种宇宙生化的符号系统就很像代数学那样，它可以代表任何具体形态的事物及其性质。两仪（—和--）可以代表天地，也可以代表男女，还可以代表刚柔等等。所以我认为，仅仅把《系辞》对《易经》的解释系统看成是某种宇宙实际生化过程的描述是不足的，而应该把它理解为一种宇宙生化系统的模式，是一种宇宙代数学，我把这一系统称之为《系辞》对《易经》解释的宇宙生成论。像《系辞》这类以符号形式表现的宇宙生成论，并非只此一家，《老子》的“道生一，一生二，二生三，三生万物，万物负阴而抱阳，冲气以为和”，也是一种宇宙生成论的特别符号系统，也是一种宇宙代数学，其中的数字可以代之以任何相当的具体事物。一可以代表元气，也可以代表虚廓（《淮南子·天文训》谓：太始生虚廓，虚廓者，尚未有时空分化之状态）。二可代表阴阳，也可代表宇宙（《天文训》谓："虚廓生宇宙"，即由未有时空分化之状态发展成已有时空分化之状态）。三不一定就是指天、地、人，也可以指父、母、子，或者说可以解释为有了相对应性质的两事物的交荡就会产生第三种事物，而任何具体事物都是由两种相对应性质的事物产生的，是两种相对应事物交荡作用的和合之物。因此，在先秦大概有多个如《系辞》的"太极生两仪……"一类的符号式的宇宙生成论系统。[①]

我们说《系辞》对《易经》的解释包括两个解释系统，即宇宙本体论系统和宇宙生成论系统，那是不是说《系辞》对《易经》的解释存在着矛盾？我认为，并不如此，从一个角度说，也许这两个系统形成一种互补的态势而成为中国传统哲学发展的两大系。宇宙本身，我们可以把它作为一个无边的开放系统和无极的延伸系统来考虑。郭象《庄子·庚桑楚注》说："宇者，有四方上下，而四方上下未有穷处。""宙者，有古今之长，而古今之长无极。"既然宇宙可以从两个方面来考察，那么圣人的哲学

① 五行也许又是另外一种符号的宇宙生成论，当另文讨论。可参见拙作《阴阳五行与中医学》，《长白论丛》，1994年第2期。

也就可以从两个方面来建构其解释宇宙的体系，所以“易与天地准”。《易经》包含着一个开放性的宇宙整体性架构模式，因此易道是大全，宇宙的事事物物曾经存在的、现在仍然存在的或者将来可能存在的，都可以在易道这个系统中找到理据。但“易道”又不是死寂的，而是一生生不息系统，故它显示为阴与阳朴素作用的两个符号（--和—），阴和阳互相作用而生变化，“阴阳不测谓之神”。这两个相互作用的符号（不是什么凝固的东西）是包含在易道之中的，易道是阴阳变化的根本，所以说“一阴一阳之谓道”。杨士勋《春秋穀梁传疏》中引用了一段王弼对“一阴一阳之谓道”的注释，文说：“《系辞》云：一阴一阳之谓道。王弼云：一阴一阳者，或谓之阴，或谓之阳，不可定名。夫为阴则不能为阳，为柔则不能为刚，唯不阴不阳然后为阴阳之宗；不柔不刚，然后为刚柔之主。故无方无体，非阴非阳，始得谓之道，始得谓之神。”阴（--）和阳（—）代表着两种不同性质的力量，一方不能代表另一方，只有道（易道）既不定在阴，又不定在阳，但它是阴阳变化之宗主（本体），变化莫测，故曰：“神无方，易无体也”。就这点看，《系辞》把《易经》解释为一无边的开放体系和无极的延伸体系的哲学，无疑是一种高深而微妙的哲学智慧。故《系辞》说：“夫《易》，圣人之所以极深而研几也。唯深也，故能通天下之志。唯几也，故能成天下之务。”（注谓：“极未形之理则曰深；适动微之会则曰几。”）这不正是郭店楚简《语丛一》所说的“《易》，所以会天道、人道也”吗？

论儒学复兴

一、从中国历史传统看儒学复兴的可能

儒学的复兴和中华民族的复兴是分不开的，这是由历史原因造成的。儒学自孔子起就自觉地继承着夏、商、周三代的文化，在历史上曾是中国文化的主体，是中华民族发育、成长的根，我们没有可能把这个根子斩断。如果我们人为地把中华民族曾经赖以生存和发展的根子斩断，那么中华民族的复兴就没有可能了。因此，我们只能适时地在传承这个文化命脉的基础上，使之更新。就目前我国发展的实际情况看，我估计在21世纪儒学作为一种精神文化在中国，甚至在世界（特别是在东亚地区）会有新的发展。为什么儒学会有一个新的发展？原因当然是多方面的，有政治的、经济的原因，但与西学（主要指作为精神文化的西方哲学等）对中国传统文化（特别是儒学）产

生的全方位的冲击有着密切的关系。正是由于西学对中国文化的冲击，使得我们得到对自身文化传统进行自我反省的机会。我们逐渐知道，在我们的传统文化中应该发扬什么、应该抛弃什么以及应该吸收什么。因而在长达一百多年的岁月中，我们中国人在努力学习、吸收和消化西学，为儒学从传统走向现代奠定了基础，为中国文化的更新提供了难得的契机。当前，在我国，儒学的现代走向已成必然趋势。儒学将可为中华民族的复兴作出重要贡献。

二、从当前中国和世界社会发展的趋势看儒学复兴的可能

由于在新世纪，我们国家提出建设和谐社会的要求，而在我国传统儒家思想中包含着和谐社会的理想以及可以为建设和谐社会提供的大量思想资源。《礼记·礼运》的大同思想可说是为中华民族勾画出的最为重要的和谐社会的理想。《易经》中的太和思想经过历代儒学思想家的发挥，已具有普遍和谐的意义，所以王夫之说太和是和之至。“和之至”是和谐的最高理想，它包括人与自然的和谐、人与社会的和谐、人自我身心内外的和谐，也可以称之为普遍和谐。《论语》中的“礼之

用，和为贵”“和而不同”，《中庸》的中和以及朱熹对中和的解释等等，为中国哲学提供了一种世界观和思维方式。所有这些都是我国今天建设和谐社会的有意义的资源。从世界范围来说，由于全球化的出现，而有新轴心时代的提出。在这全球化的新轴心时代人类社会的要求无疑是建构和谐世界。我们知道，德国哲学家雅斯贝尔斯曾提出轴心时代的观念。他认为，在公元前500年前后，在古希腊、以色列、印度、中国、波斯都出现了伟大的思想家。在古希腊有苏格拉底、柏拉图，以色列有犹太教的先知，印度有释迦牟尼，中国有孔子、老子，古波斯有琐罗亚斯德等，形成了不同的文化传统。这些文化起初并没有互相影响，都是独立发展起来的，因此这一时期被雅斯贝尔斯称为轴心时代。这些文化传统经过两千多年的发展，在相互影响中已成为人类文明的主要精神财富。当今世界各地的思想界出现了对新轴心时代的呼唤，这就要求我们更加重视对古代思想智慧的温习与发掘，回顾我们文化发展的源头，以响应世界文化发展的新局面。雅斯贝尔斯说：“人类一直靠轴心时代所产生的思考和创造的一切而生存。每一次新的飞跃都回顾这一时期，并被它重新燃起火焰。自此以后，情况就是这样。轴心期潜力的苏醒和对轴心期潜力的回忆，或曰复兴，总是提供了精神力量。对这一开端的复归是中国、印度和西方不断发生的事情。”[①]例如，我们知道，欧洲的文艺复兴就是把目光投向其文化的源头古希腊，从而使欧洲文明重新燃起新的光辉，对世界产生重大影响。中国的宋明理学（新儒学）在印度佛教文化的冲击后，充分吸收和消化了佛教文化，“出入佛老，而反求诸六经”，再次回归先秦孔孟而把中国儒学提高到一个新的水平，并对朝鲜半岛、日本、越南的文化产生了重大影响。当今在全球化的形势下，作为轴心文明之重要一支的儒家文化，在长达一百多年的西方文化的冲击下，我们可以预见它将得以苏醒，得以复兴，以和谐的理念贡献于人类社会。正是由于中华民族要复兴，因而必须要复兴自己有着几千年历史的文化传统作为她的精神支柱，以便实现文化上的反本开新。

三、我国当前对儒学的种种看法

由于儒学是历史的产物，在我国历史上对它就有种种不同的看法，特别是在西学进入后，对它的看法更是五花八门，有褒有贬，直到最近对儒学的看法仍是众说纷纭。有的学者提出重建中国儒教的构想。他们认为，“必须全方位地复兴儒教，

① 卡尔·雅斯贝尔斯：《历史的起源与目标》，魏楚雄、俞新天译，华夏出版社，1989年6月。

以应对西方文明全方位的挑战”。因此，主张把儒教立为国教，在我国恢复所谓自古以来的政教合一。而对这个观点有来自两方面的批评：一是来自自由主义派，他们认为儒教救国论是对当代民主政治的反动，是对平等观念的践踏。把儒教立为国教，将会使“儒教意识形态化，为专制主义服务”。另一是来自马克思主义学者的批判，他们认为：“儒教救世的想象实质是道德作用的自我夸大”，也是“以天道性命的形上学来追求王道政治，这样只能重踏封建专制的陷阱”，“真正的救世主只能是马克思主义”。[①]还有一批学者，他们从维护和发扬儒家思想出发，充分肯定儒学，以实现儒学的现代化。例如，现代新儒家认为内圣之学可以开掘出适合现代民主政治的外王之道，儒家的心性之学可以发展出科学的认识论系统。有学者还提出文化中国的观点。这些看法，也受到众多学者的质疑。当然也有一些学者认为，孔子的儒家学说是维护专制统治的工具，在五四运动时期已被否定，今天再把它推崇到至高地位，无疑是历史的倒退。北京大学有位学者认为，北京大学是五四运动的发源地，要在北京大学建立孔子学院或儒学院，有悖于五四精神，如此等等。对儒学的看法真是仁者见仁，智者见

---

① 见于《儒学“第四次浪潮”激辩儒教》，载上海《社会科学报》，2006年2月23日。

智。有上述种种看法，并且可以公开讨论，说明我们的社会在进步，因为思想文化问题只能自由讨论，在贯彻百家争鸣的方针中通过理性对话的方式不断前进。

四、儒学的不同视角

由于儒学是历史的产物，又有两千多年的历史，因此对它有种种不同的看法应该说是很自然的。在今天全球化、现代化的时代，我们应该或可能怎样看儒学，我认为也许可以从三个不同的角度来考察儒学：一是政统的儒学（政治化的儒学）；二是道统的儒学（形成有历史传承的儒学派别）；三是学统的儒学（学术文化传统的儒学）。

（一）政统的儒学：在中国历史上，儒学曾长期与政治结合，它的三纲六纪无疑对专制统治起过重要作用。儒家特别重视道德教化，在历史上，曾一定程度起到稳定社会的作用。这虽有合理的一面，但是，把道德教化的作用夸大，成为泛道德主义，就会使中国重人治而轻法治，不仅很容易使政治道德化，而美化政治统治；而且很容易使道德政治化，使之成为政治服务的工具。一个合理、较为健康的社会应是由两套相辅相成的系统组合而成，一为政治法律制度，一为社会道德教化系统。当然，儒家哲学中的某些政治理念也会对消解专制统治起到一定的限制作用，如“民为贵”“以德抗位”等。又如“畏天命”，要对天有所敬畏，甚至“天人感应”在一定条件下，也可以起限制皇权的作用。总的说来，政治的儒学层面对当今的社会来说存在着较多的问题。

（二）道统的儒学：任何一个成系统、有历史传承的学术派别，必有其传统，西方如此，中国也是如此。从中国历史上看有儒、道、释三家，它们都有其传统。儒家以传承夏、商、周三代文化为己任，“祖述尧舜，宪章文武”，并且对其他学术有着较多的包容性，他们主张“万物并育而不相害，道并行而不相悖”。但既成学派难免会有排他性。因此，对道统的过分强调就可能形成对其他学术文化的排斥，而对异端思想的压制，会导致对不同思想的扼杀；但是，在历史上某些异端思想的出现，恰恰是对主流思想的冲击甚至颠覆，这将为新的思想发展开辟道路。

（三）学统的儒学：学统的儒学是指其学术思想的传统，包括它的世界观、思维方法和对真、善、美境界的追求等，儒学在这些方面可提供的有意义的资源较为丰厚，应为我们特别重视。基于此，当前甚至以后，儒学不应政治意识形态化，学术最好归学术。而且儒学更应具有海纳百川的气度，在与各种文化的广泛对话中更新自己。

五、我们应该如何看儒学

既然我们对儒学要特别重视的是其学统，也就是说应该特别重视其思想学术层面。那么我们应该如何从学统的角度来看儒学呢（当然，对其他学术文化的传统也应如此看）？我有以下四点看法：（一）要有文化上的主体意识。任何一个民族的生存与发展都必须植根于自身的文化土壤之中，只有对自身文化有充分的理解与认识、保护和发扬，一个民族的文化才能适应自身社会合理、健康发展的要求，才有吸收和消化其他民族文化的能力。一个没有能力坚持自身文化自主性的民族，也就没有能力吸收和融化其他民族的文化以丰富和发展其自身文化，它将或被消灭，或被同化。（二）任何文化要在历史长河中不断发展，必须不断吸收其他民族文化，在相互交流与对话中才能得到适时的发展和更新。罗素说得对："不同文明之间的交流过去已经多次证明是人类文明发展的里程碑。"在历史上，中华文化有着吸收和融化外来印度佛教文化的宝贵经验，应该受到重视。在今天的全球化时代，面对西方的强势文化，我们应更加善于吸收和融化西方文化和其他各民族的优秀文化，以使中华文化更具有世界意义。（三）社会在不断发展，思想文化在不断更新，但古代思想家提出和思考的文化（哲学）问题，他们思想的智慧之光，并不会因此就过时，他们思考的有些问题、路子以及理念可能是万古常新的。例如中国哲学自先秦以来所讨论的天人关系、内圣外王、知行合一等问题，仍然是我们现代中国哲学讨论的主要问题。德国哲学家雅斯贝尔斯在《大哲学家》[①]一书中对东西方哲学家进行了研究，他认为：在科学方法的运用上，我们可以说我们所处的时代是超过了亚里士多德，但就哲学本身而言，我们很难再达到苏格拉底和柏拉图的水准。哲学历史的某些发展是显而易见的，但我们并不能由此得出结论说，后代的哲学家就一定超过前代。（四）历史上的任何思想体系，甚至现实存在的思想体系，没有完全正确的，没有放之四海而皆准的绝对真理的学说，它必然有其局限性，其体系往往包含着某些内在矛盾，即使其中具有普遍意义（价值）的精粹部分，也往往要给以合理的现代诠释。恩格斯在《反杜林论草稿片断》中说：“在黑格尔以后，体系说不可能再有了。十分明显，世界构成一个统一的体系，即有联系的整体。但是对这个系统的认识是以对整

① 卡尔·雅斯贝尔斯：《大哲学家》，李雪涛主译，社会科学文献出版社，2005年。

个自然界和历史的认识为前提，而这一点是人们永远达不到的。因而谁要想建立体系，谁就得用自己的虚构来填补无数空白，即是说，进行不合理的幻想，而成为观念论者。”[①]罗素在其《西方哲学史》中说：“不能自圆其说的哲学绝不会完全正确，但是自圆其说的哲学满可以全盘错误。最富有结果的各派哲学向来包含着显眼的自相矛盾，但是正为了这个缘故才部分正确。”[②]我认为这两段话对我们研究思想文化都很有意义。因为任何思想文化都是在一定历史条件下产生的，不可能完全解决人类社会今天和明天的全部问题，就儒学来说也是一样的。正因为儒学是一种在历史发展中的学说，才有历代各种不同诠释和批评，而今后仍然会不断出现新的诠释、新的发展方向、新的批评，还会有儒家学者对其自身存在的内在矛盾的揭示。在人类社会进入全球化时代的今天，不断反思儒学存在的问题（内在矛盾），不断给儒学新的诠释，不断发掘儒学的真精神中所具有的普遍性意义和特有的理论价值，遵循我们老祖宗的古训“日日新，又日新”，自觉地适时发展和更新其自

① 此段译文是北京大学哲学系编译资料室根据苏联莫斯科政治书籍出版的《反杜林论》1957年版译出的。

② 罗素：《西方哲学史》下册，何兆武、李约瑟译，商务印书馆，1988年，第143页。

身，才是儒学得以复兴的生命线。

六、考察儒学必须有问题意识

复兴儒学要有问题意识。当前我国社会遇到了什么问题，全世界又遇到了什么问题，是复兴儒学必须考虑的问题。对问题有自觉性的思考，对问题提出解决的思路，由此而形成的理论才能是有真价值的理论。当前，我国以及全世界究竟遇到哪些重大问题？近一两百年来，对自然界的过度开发、残酷掠夺，造成生态环境的严重破坏。人们对物质利益的片面追求和权力欲望的无限膨胀，造成了人与人之间以及国家与国家之间的矛盾与冲突，以至于残酷的战争。由于过分注重金钱和感官享受，致使身心失调，人格分裂，造成自我身心的扭曲，已成为一种社会病。因此，当前人类社会需要解决，甚至今后还要长期不断解决的人与自然、人与人（人与社会、国与国、民族与民族）、人自我身心之间的种种矛盾问题，无疑是人类要面对的最大课题。其中人的问题是关键。因为所有这些问题都是人自己造成的，因而就要人来解决。

七、儒学可为当今人类社会提供的思想资源

针对上面提出的三个问题，我认为，儒学可以为当今人类社会提供有益的思想资源。

（一）儒家的天人合一（合天人）的观念将会为解决人与自然之间的矛盾提供某些有意义的思想资源。1992年全世界1575名科学家发表了《世界科学家对人类的警告》："人类和自然正走上一条相互抵触的道路。"造成这种情况不能说与西方哲学长期存在的天人二分的思维模式没有关系。罗素在《西方哲学史》中说："笛卡尔的哲学……它完成了或者说几近完成了由柏拉图开端而主要因为宗教上的理由经过基督教发展起来的精神与物质二元论……笛卡尔体系提出来精神和物质两个平行而彼此独立的世界，研究其中之一能够不牵涉另外一个。"这就是说，西方哲学长期把天和人看成是相互独立的，研究天可以不牵涉人；研究人也可以不牵涉天，这自然是一种天人二分的思维模式（但进入20世纪，西方哲学有了很大变化，已在打破天人二分的定式，如怀特海）。而中国天人合一是说在天和人之间存在着相即不离的内在关系，研究其中一个必然要牵涉另外一个。《周易》是有关中国思想最古老的书，它是中国哲学的源头。《郭店楚简·语丛一》："易，所以会

天道、人道也。”《周易》是一部会通天道、人道所以然的道理的书，也就是说它是一部讲天人合一的书。对如何了解天人合一思想，朱熹有段话很重要，他说：“天即人，人即天，人之始生，得之于天；即生此人，则天又在人矣。”天离不开人，人也离不开天。人初产生时，虽然得之于天，但是一旦有人，天道要由人来彰显，即人对天就有了责任。天人合一作为一种世界观和思维模式，它要求我们不能把人看成是和天对立的，这是由于人是天的一部分，破坏天就是对人自身的破坏，人就要受到惩罚。因此，天人合一学说认为，知天（认识自然，以便合理地利用自然）和畏天（对自然应有所敬畏，要把保护自然作为一种神圣的责任）是统一的。[①]知天而不畏天，就会把天看成一死物，不了解天乃是生生不息的、与人有机联系着的生命的共同体。畏天而不知天，就会把天看成外在于人的神秘力量，而使人不能真正得到天（自然）的恩惠。所以天人合一思想要求人应担当起合理利用自然，又负责任地保护自然的使命。天人合一虽是中国哲学中一个很古老的哲学命题，

① 康德的墓志铭上写着：“有两样东西，我们愈经常愈持久地加以思索，它们愈使心灵充满不断增长的景仰和敬畏：在我们之上的星空和我心中的道德法则。”这是不是说，康德也认为应对天有所敬畏呢？这和孔子的“畏天命”是不是有相通之处呢？

但它是儒家思想的基石，同时也是一个应该常新的人类社会需要不断给以新的诠释的命题。我们在考虑人类社会问题时，必须考虑与天（自然界）的关系问题，而且应该是接着天人合一的观念来不断深入探讨天和人之间相即不离的内在关系。.当前人类社会不就是由于长期严重地忽视了天与人之间相即不离的内在关系而受到惩罚吗？人类和自然不是正走上一条相互抵触的道路吗？因此，天人合一这种思维模式和理念应该说可以为解决当前生态危机提供有意义的资源。

（二）人我合一（同人我）的观念将会为解决人与人（社会）之间的矛盾提供某些有意义的思想资源。人我合一是说在自我和他人之间存在着一种相即不离的关系。为什么自我和他人之间存在着相即不离的关系？《郭店楚简·性自命出》中说："道始于情。"人世间的道理（人道）是由感情开始的，这正是孔子仁学的出发点。孔子的弟子樊迟问仁，孔子回答说："爱人。"这种爱人的品质由何而来呢？《中庸》引孔子的话说："仁者，人也，亲亲为大。"仁爱的品德是人本身所具有的，爱自己的亲人是最根本的爱。但孔子的儒家认为仁爱不能停留在只是爱自己的亲人，而应该由亲亲扩大到仁民。所以《郭店楚简》中说："亲而笃之，爱也；爱父继之爱人，仁也。"如果把爱自己的亲人扩大到爱他人，那么社会不就可以和谐了吗？“孝之放爱天下之民”，孝必须扩大到爱天下的老百姓。如果一个国家、一个民族把爱自己国家、自己民族的爱扩大到对别的国家、别的民族的爱，那么世界不就可以和平了吗？把亲亲扩大到仁民，把爱自己的亲人扩大到对老百姓的仁爱，就是要行仁政。在《论语》中虽然没有出现仁政两字，但其中却处处体现着仁政思想，如“博施于民，而能济众”“举贤才”“泛爱众”“导之以德，齐之以礼”等等，都是讲仁政的。2008年我们国家的抗震救灾，可以说是一伟大的仁政，它体现了一种对人的关怀。关怀人的生命是一种崇高的普世价值，中国人民在这次大灾难中体现了这种关心人的崇高的普世价值。孔子的继承者孟子讲仁政，其意义也很广泛，我认为最重要的是他所说的：“民之为道也，有恒产者有恒心，无恒产者无恒心。”意思是说，对老百姓的道理，要使老百姓都有一定的固定产业，这样他们才能有一定的道德观念和行为准则。没有一定的固定产业，怎么能让他们有相应的道德观念和行为准则呢！所以孟子说：“夫仁政，必自经界始。”仁政，首先要使老百姓有自己可以耕种的土地。我想，我们今天要建设和谐社会，首要之事就是要使我们的老百姓都有自己固定的生活来源和产业。费孝通先生说：“我有一次和胡耀邦谈话，他表现出一种重视家庭的思想，把家庭看成是社会的细胞，他的这个思想是从实际里边出来的。我是赞成回到家庭，包产到户，实行家庭联产承包责任制，生产力一下子就解放出来了。”①我想，我们要真正建立和谐社会，就必须“使民有恒产”。就全人类来说，就是要使各国、各民族都能自主地拥有其应有的资源和财富，强国不能掠夺别国的资源和财富以推行强权政治。“治国”“平天下”应该行仁政、王道，而不应该行暴政、霸道。行仁政、王道，可以使不同文化传统的民族和国家得以共同发展。行霸道，则将引起冲突，甚至战争，这是人类的灾难。所以人与人、国家与国家之间协调和相互爱护的人我合一思想，对建设和谐社会、和谐世界应该是有意义的。

（三）身心合一（一内外）将会为调节自我身心内外的矛盾提供某些有意义的思想资源。身心合一是说肉体生命与精神生命之间存在着一种相即不离的和谐关系。儒家认为达到身心合一要靠修身。《郭店楚简·性自命出》中说：“闻道反己，修身者也。”意思是说，知道了做人的道理，就应该反求诸己，这就是修身。所以《大学》认为，“修身”“齐家”“治国”“平天下”，“自天子以至庶人，壹是皆以修身为本”。《中庸》里也说：“为政在人，取人以身，修身以

---

① 费孝通：《中国文化与新世纪的社会学人类学》，见《费孝通论文化与文化自觉》，群言出版社，2005年，第280页。

道，修道以仁。”社会靠人来治理，让什么人来治理要看他自身的道德修养，修养是以符合不符合道义为标准，做到使社会和谐就要有仁爱之心。这里，把个人的道德修养（修身）与仁爱之心联系起来，正说明儒家思想的一贯性。《郭店楚简·性自命出》中说：“修身近至仁。”修身是为达到实现仁的境界。因此，儒家讲修身不是没有目标的，而是为了“齐家”“治国”“平天下”，即希望建设和谐社会。《礼记·礼运》中所记载的“天下为公”的大同社会，就是儒家理想和谐社会的蓝图。儒家把和谐社会的理想建立在修身上，因此特别重视人的身心内外的修养（按：治国、平天下仅靠道德修养的提高是不够的，而且易于流为泛道德主义，因为一个合理的社会还要有良好的制度）。在《论语·述而》中，孔子提出一个做人的道理，他说：“德之不修，学之不讲，闻义而不能徙，不善不能改，是吾忧也。”一个人做人要修养自己的道德，讲求学问，提高智慧，努力实践合乎道义的事，有错必改，这样才能对社会有益。如果一个社会有了良好的制度，再加之以有道德、有学问、有能力的人来管理它，全社会的人都能“以修身为本”，那么这个社会也许就可以成为一个和谐的社会，世界就可以成为和谐的世界！

在儒家看来，人是解决上述种种矛盾的关键。因为，人是天地的核心，只有人才可以“为天地立心，为生民立命，为往圣继绝学，为万世开太平”。我们是不是可以说，当今人类社会遇到的问题，儒学可以为其提供某些有意义的思想资源？善于利用儒学资源来解决当今人类社会存在的种种问题，是不是可以说为儒学的复兴提供了机会？当然，我们必须注意到，孔子的儒家思想并不能全盘解决当今人类社会存在的诸多复杂问题，它只能给我们提供思考的路子和有价值的理念（如世界观、人生观、价值观等等的理念），启发我们用儒学的思维方式和人生智慧，在给这些思想资源以适应现代社会和人类社会发展前途的新诠释的基础上，为建设和谐的人类社会作出它可能作出的贡献。

司马迁说的“居今之世，志古之道，所以自镜者，未必尽同”，是很有道理的名言。我们生活在今天，要了解自古以来治乱兴衰的道理，把它作为一面镜子，但是古今不一定都相同呀！因此，我们今天的任务是对自古以来的有价值的思想（包括儒家思想）进行现代诠释，创造适应现代社会需要的新理论。

国家新闻出版广电总局

首届向全国推荐中华优秀传统文化普及图书

大家小书书目

国学救亡讲演录	章太炎　著　蒙　木　编
门外文谈	鲁　迅　著
经典常谈	朱自清　著
语言与文化	罗常培　著
习坎庸言校正	罗　庸　著　杜志勇　校注
鸭池十讲（增订本）	罗　庸　著　杜志勇　编订
古代汉语常识	王　力　著
国学概论新编	谭正璧　编著
文言尺牍入门	谭正璧　著
日用交谊尺牍	谭正璧　著
敦煌学概论	姜亮夫　著
训诂简论	陆宗达　著
金石丛话	施蛰存　著
常识	周有光　著　叶　芳　编
文言津逮	张中行　著
经学常谈	屈守元　著
国学讲演录	程应镠　著
英语学习	李赋宁　著
中国字典史略	刘叶秋　著
语文修养	刘叶秋　著
笔祸史谈丛	黄　裳　著
古典目录学浅说	来新夏　著
闲谈写对联	白化文　著
汉字知识	郭锡良　著
怎样使用标点符号（增订本）	苏培成　著
汉字构型学讲座	王　宁　著

诗境浅说	俞陛云　著
唐五代词境浅说	俞陛云　著
北宋词境浅说	俞陛云　著
南宋词境浅说	俞陛云　著
人间词话新注	王国维　著　滕咸惠　校注
苏辛词说	顾　随　著　陈　均　校
诗论	朱光潜　著
唐五代两宋词史稿	郑振铎　著
唐诗杂论	闻一多　著
诗词格律概要	王　力　著
唐宋词欣赏	夏承焘　著
槐屋古诗说	俞平伯　著
词学十讲	龙榆生　著
词曲概论	龙榆生　著
唐宋词格律	龙榆生　著
楚辞讲录	姜亮夫　著
读词偶记	詹安泰　著
中国古典诗歌讲稿	浦江清　著 浦汉明　彭书麟　整理
唐人绝句启蒙	李霁野　著
唐宋词启蒙	李霁野　著
唐诗研究	胡云翼　著
风诗心赏	萧涤非　著　萧光乾　萧海川　编
人民诗人杜甫	萧涤非　著　萧光乾　萧海川　编
唐宋词概说	吴世昌　著
宋词赏析	沈祖棻　著
唐人七绝诗浅释	沈祖棻　著
道教徒的诗人李白及其痛苦	李长之　著
英美现代诗谈	王佐良　著　董伯韬　编
闲坐说诗经	金性尧　著
陶渊明批评	萧望卿　著

古典诗文述略	吴小如 著
诗的魅力——郑敏谈外国诗歌	郑 敏 著
新诗与传统	郑 敏 著
一诗一世界	邵燕祥 著
舒芜说诗	舒 芜 著
名篇词例选说	叶嘉莹 著
汉魏六朝诗简说	王运熙 著 董伯韬 编
唐诗纵横谈	周勋初 著
楚辞讲座	汤炳正 著 汤序波 汤文瑞 整理
好诗不厌百回读	袁行霈 著
山水有清音——古代山水田园诗鉴要	葛晓音 著
红楼梦考证	胡 适 著
《水浒传》考证	胡 适 著
《水浒传》与中国社会	萨孟武 著
《西游记》与中国古代政治	萨孟武 著
《红楼梦》与中国旧家庭	萨孟武 著
《金瓶梅》人物	孟 超 著 张光宇 绘
水泊梁山英雄谱	孟 超 著 张光宇 绘
水浒五论	聂绀弩 著
《三国演义》试论	董每戡 著
《红楼梦》的艺术生命	吴组缃 著 刘勇强 编
《红楼梦》探源	吴世昌 著
《西游记》漫话	林 庚 著
史诗《红楼梦》	何其芳 著 王叔晖 图 蒙 木 编
细说红楼	周绍良 著
红楼小讲	周汝昌 著 周伦玲 整理

曹雪芹的故事	周汝昌　著　周伦玲　整理
古典小说漫稿	吴小如　著
三生石上旧精魂 ——中国古代小说与宗教	白化文　著
《金瓶梅》十二讲	宁宗一　著
中国古典小说十五讲	宁宗一　著
古体小说论要	程毅中　著
近体小说论要	程毅中　著
《聊斋志异》面面观	马振方　著
《儒林外史》简说	何满子　著
我的杂学	周作人　著　张丽华　编
写作常谈	叶圣陶　著
中国骈文概论	瞿兑之　著
谈修养	朱光潜　著
给青年的十二封信	朱光潜　著
论雅俗共赏	朱自清　著
文学概论讲义	老　舍　著
中国文学史导论	罗　庸　著　杜志勇　辑校
给少男少女	李霁野　著
古典文学略述	王季思　著　王兆凯　编
古典戏曲略说	王季思　著　王兆凯　编
鲁迅批判	李长之　著
唐代进士行卷与文学	程千帆　著
说八股	启　功　张中行　金克木　著
译余偶拾	杨宪益　著
文学漫识	杨宪益　著
三国谈心录	金性尧　著
夜阑话韩柳	金性尧　著
漫谈西方文学	李赋宁　著
历代笔记概述	刘叶秋　著

周作人概观	舒　芜　著
古代文学入门	王运熙　著　董伯韬　编
有琴一张	资中筠　著
中国文化与世界文化	乐黛云　著
新文学小讲	严家炎　著
回归，还是出发	高尔泰　著
文学的阅读	洪子诚　著
中国文学1949—1989	洪子诚　著
鲁迅作品细读	钱理群　著
中国戏曲	么书仪　著
元曲十题	么书仪　著
唐宋八大家 ——古代散文的典范	葛晓音　选译
辛亥革命亲历记	吴玉章　著
中国历史讲话	熊十力　著
中国史学入门	顾颉刚　著　何启君　整理
秦汉的方士与儒生	顾颉刚　著
三国史话	吕思勉　著
史学要论	李大钊　著
中国近代史	蒋廷黻　著
民族与古代中国史	傅斯年　著
五谷史话	万国鼎　著　徐定懿　编
民族文话	郑振铎　著
史料与史学	翦伯赞　著
秦汉史九讲	翦伯赞　著
唐代社会概略	黄现璠　著
清史简述	郑天挺　著
两汉社会生活概述	谢国桢　著
中国文化与中国的兵	雷海宗　著
元史讲座	韩儒林　著

魏晋南北朝史稿	贺昌群　著
汉唐精神	贺昌群　著
海上丝路与文化交流	常任侠　著
中国史纲	张荫麟　著
两宋史纲	张荫麟　著
北宋政治改革家王安石	邓广铭　著
从紫禁城到故宫 ——营建、艺术、史事	单士元　著
春秋史	童书业　著
明史简述	吴　晗　著
朱元璋传	吴　晗　著
明朝开国史	吴　晗　著
旧史新谈	吴　晗　著　习　之　编
史学遗产六讲	白寿彝　著
先秦思想讲话	杨向奎　著
司马迁之人格与风格	李长之　著
历史人物	郭沫若　著
屈原研究（增订本）	郭沫若　著
考古寻根记	苏秉琦　著
舆地勾稽六十年	谭其骧　著
魏晋南北朝隋唐史	唐长孺　著
秦汉史略	何兹全　著
魏晋南北朝史略	何兹全　著
司马迁	季镇淮　著
唐王朝的崛起与兴盛	汪　篯　著
南北朝史话	程应镠　著
二千年间	胡　绳　著
论三国人物	方诗铭　著
辽代史话	陈　述　著
考古发现与中西文化交流	宿　白　著
清史三百年	戴　逸　著

清史寻踪	戴　逸　著
走出中国近代史	章开沅　著
中国古代政治文明讲略	张传玺　著
艺术、神话与祭祀	张光直　著 刘　静　乌鲁木加甫　译
中国古代衣食住行	许嘉璐　著
辽夏金元小史	邱树森　著
中国古代史学十讲	瞿林东　著
历代官制概述	瞿宣颖　著
宾虹论画	黄宾虹　著
中国绘画史	陈师曾　著
和青年朋友谈书法	沈尹默　著
中国画法研究	吕凤子　著
桥梁史话	茅以升　著
中国戏剧史讲座	周贻白　著
中国戏剧简史	董每戡　著
西洋戏剧简史	董每戡　著
俞平伯说昆曲	俞平伯　著　陈　均　编
新建筑与流派	童　寯　著
论园	童　寯　著
拙匠随笔	梁思成　著　林　洙　编
中国建筑艺术	梁思成　著　林　洙　编
沈从文讲文物	沈从文　著　王　风　编
中国画的艺术	徐悲鸿　著　马小起　编
中国绘画史纲	傅抱石　著
龙坡谈艺	台静农　著
中国舞蹈史话	常任侠　著
中国美术史谈	常任侠　著
说书与戏曲	金受申　著
世界美术名作二十讲	傅　雷　著

中国画论体系及其批评　　李长之　著
金石书画漫谈　　启　功　著　赵仁珪　编
吞山怀谷
——中国山水园林艺术　　汪菊渊　著
故宫探微　　朱家溍　著
中国古代音乐与舞蹈　　阴法鲁　著　刘玉才　编
梓翁说园　　陈从周　著
旧戏新谈　　黄　裳　著
民间年画十讲　　王树村　著　姜彦文　编
民间美术与民俗　　王树村　著　姜彦文　编
长城史话　　罗哲文　著
天工人巧
——中国古园林六讲　　罗哲文　著
现代建筑奠基人　　罗小未　著
世界桥梁趣谈　　唐寰澄　著
如何欣赏一座桥　　唐寰澄　著
桥梁的故事　　唐寰澄　著
园林的意境　　周维权　著
万方安和
——皇家园林的故事　　周维权　著
乡土漫谈　　陈志华　著
现代建筑的故事　　吴焕加　著
中国古代建筑概说　　傅熹年　著

简易哲学纲要　　蔡元培　著
大学教育　　蔡元培　著
北大元培学院　编
老子、孔子、墨子及其学派　　梁启超　著
春秋战国思想史话　　嵇文甫　著
晚明思想史论　　嵇文甫　著
新人生论　　冯友兰　著

中国哲学与未来世界哲学	冯友兰　著
谈美	朱光潜　著
谈美书简	朱光潜　著
中国古代心理学思想	潘　菽　著
新人生观	罗家伦　著
佛教基本知识	周叔迦　著
儒学述要	罗　庸　著　杜志勇　辑校
老子其人其书及其学派	詹剑峰　著
周易简要	李镜池　著　李铭建　编
希腊漫话	罗念生　著
佛教常识答问	赵朴初　著
维也纳学派哲学	洪　谦　著
大一统与儒家思想	杨向奎　著
孔子的故事	李长之　著
西洋哲学史	李长之　著
哲学讲话	艾思奇　著
中国文化六讲	何兹全　著
墨子与墨家	任继愈　著
中华慧命续千年	萧萐父　著
儒学十讲	汤一介　著
汉化佛教与佛寺	白化文　著
传统文化六讲	金开诚　著　金舒年　徐令缘　编
美是自由的象征	高尔泰　著
艺术的觉醒	高尔泰　著
中华文化片论	冯天瑜　著
儒者的智慧	郭齐勇　著
中国政治思想史	吕思勉　著
市政制度	张慰慈　著
政治学大纲	张慰慈　著
民俗与迷信	江绍原　著　陈泳超　整理

政治的学问	钱端升　著　钱元强　编
从古典经济学派到马克思	陈岱孙　著
乡土中国	费孝通　著
社会调查自白	费孝通　著
怎样做好律师	张思之　著　孙国栋　编
中西之交	陈乐民　著
律师与法治	江　平　著　孙国栋　编
中华法文化史镜鉴	张晋藩　著
新闻艺术（增订本）	徐铸成　著
经济学常识	吴敬琏　著　马国川　编

中国化学史稿	张子高　编著
中国机械工程发明史	刘仙洲　著
天道与人文	竺可桢　著　施爱东　编
中国医学史略	范行准　著
优选法与统筹法平话	华罗庚　著
数学知识竞赛五讲	华罗庚　著
中国历史上的科学发明（插图本）	钱伟长　著

出版说明

“大家小书”多是一代大家的经典著作，在还属于手抄的著述年代里，每个字都是经过作者精琢细磨之后所拣选的。为尊重作者写作习惯和遣词风格、尊重语言文字自身发展流变的规律，为读者提供一个可靠的版本，“大家小书”对于已经经典化的作品不进行现代汉语的规范化处理。

提请读者特别注意。

北京出版社